大家小书

中西之交

陈乐民 著

北京出版集团公司
北京出版社

图书在版编目（CIP）数据

中西之交／陈乐民著. — 北京：北京出版社，2017. 11
（大家小书）
ISBN 978－7－200－12983－0

Ⅰ. ①中… Ⅱ. ①陈… Ⅲ. ①东西文化—比较文化—研究 Ⅳ. ①G04

中国版本图书馆 CIP 数据核字(2017)第 086804 号

·大家小书·
中西之交
ZHONGXI ZHI JIAO
陈乐民 著
*
北京出版集团公司
北京出版社 出版
（北京北三环中路 6 号 邮政编码：100120）
网 址：www.bph.com.cn
北京出版集团公司总发行
新华书店经销
北京华联印刷有限公司印刷
*
880 毫米×1230 毫米 32 开本 10.5 印张 173 千字
2017 年 11 月第 1 版 2018 年 5 月第 2 次印刷
ISBN 978－7－200－12983－0
定价：38.00 元
如有印装质量问题，由本社负责调换
质量监督电话：010－58572393

序　　言

袁行霈

"大家小书"，是一个很俏皮的名称。此所谓"大家"，包括两方面的含义：一、书的作者是大家；二、书是写给大家看的，是大家的读物。所谓"小书"者，只是就其篇幅而言，篇幅显得小一些罢了。若论学术性则不但不轻，有些倒是相当重。其实，篇幅大小也是相对的，一部书十万字，在今天的印刷条件下，似乎算小书，若在老子、孔子的时代，又何尝就小呢？

编辑这套丛书，有一个用意就是节省读者的时间，让读者在较短的时间内获得较多的知识。在信息爆炸的时代，人们要学的东西太多了。补习，遂成为经常的需要。如果不善于补习，东抓一把，西抓一把，今天补这，明天补那，效果未必很好。如果把读书当成吃补药，还会失去读书时应有的那份从容和快乐。这套丛书每本的篇幅都小，读者即使细细地阅读慢慢地体味，也花不了多少时间，可以充分享受读书的乐趣。如果把它们当成补药来吃也行，剂量小，吃起来方便，消化起来也容易。

我们还有一个用意，就是想做一点文化积累的工作。把那些经过时间考验的、读者认同的著作，搜集到一起印刷出版，使之不至于泯没。有些书曾经畅销一时，但现在已经不容易得到；有些书当时或许没有引起很多人注意，但时间证明它们价值不菲。这两类书都需要挖掘出来，让它们重现光芒。科技类的图书偏重实用，一过时就不会有太多读者了，除了研究科技史的人还要用到之外。人文科学则不然，有许多书是常读常新的。然而，这套丛书也不都是旧书的重版，我们也想请一些著名的学者新写一些学术性和普及性兼备的小书，以满足读者日益增长的需求。

“大家小书”的开本不大，读者可以揣进衣兜里，随时随地掏出来读上几页。在路边等人的时候，在排队买戏票的时候，在车上、在公园里，都可以读。这样的读者多了，会为社会增添一些文化的色彩和学习的气氛，岂不是一件好事吗？

“大家小书”出版在即，出版社同志命我撰序说明原委。既然这套丛书标示书之小，序言当然也应以短小为宜。该说的都说了，就此搁笔吧。

目 录

辑一

003 ／ 从比较到超越比较——关于中西文明
020 ／ 中西文化之交相格义之学
024 ／ 中西文化思想史之再观察
031 ／ 中西文化交流中之不平衡与前瞻
039 ／ 历史与展望——中、西（欧）交流发展之我见
054 ／ 明清之际天主教耶稣会在华活动的“三起三落”
078 ／ 汤若望
082 ／ 方圆难周
090 ／ 两汉与欧洲之交
093 ／ 来自伊比利亚半岛的不速之客

133 ／ 关于 18 世纪西欧天主教内有关中国礼仪之争的一个“新发现”
136 ／ 徐光启、利玛窦及 17 世纪中西文化会通与冲突
196 ／ 徐光启的命运和启示

辑二

207 ／ 马勒伯朗士与“中国礼仪”
213 ／ 马勒伯朗士与“中国哲学”
227 ／ 莱布尼茨与中国——兼及“儒学”与欧洲启蒙时期
240 ／ 莱布尼茨的圆通之学
245 ／ 莱布尼茨的“普遍文字”
248 ／ 莱布尼茨和“儒学”
261 ／ 莱布尼茨的“造化之谜”

265 / 中西之交中的莱布尼茨
269 / 莱布尼茨与中西之交
274 / 我看康德
284 / 康德与中国哲学
294 / 冯友兰与康德
297 / 牟宗三与康德
303 / 王国维与康德
307 / 罗章龙与康德
309 / 康德是西方的孔子？

辑一

从比较到超越比较
——关于中西文明[①]

中西文化的比较在几年前所谓“文化热”的时候，就已是人人烂熟于心的问题了；现在再提，未免令人生厌。我本人就曾有过“有什么可比的，有什么好比的？”的自问。静下心来想想，其实就在说“不可比、无可比”的时候，内心里已在比了。于是有以下一些想法。

一

“比较”是必然的。

在我们生活的时代讲中国的任何大问题，都免不了要与世界上其他国家做比较，特别是同西方国家做比较。事实上，自

---

① 这是笔者1996年5月在上海复旦大学历史系所做的一次演讲大纲。

从中国“开眼看世界”以来，我们的几代人，都在有意或无意地做各种比较，从各种角度做比较。

为什么要比？还是老话题：中国传统文化为什么不能开出现代化？或说：中国传统文化为什么没有开出现代化？“不能”和“没有”，用词不同，含义也不同。说直到19世纪中叶与西方文明接触以前中国的传统文化没有开出现代化，这是历史事实。但是从推理上讲却不能以此断言中国传统文化本身就根本“不能”开出现代化。于是说中国传统文化本身就有“现代化”的基因，只不过还没有来得及开发出来就碰上了西方文明。还有像梁漱溟先生说的，中国文化是“超前”的、“早熟”的文化，近来还有在中国古籍中找“市场经济”根据的。至于说中国文化可以挽救“现代化”所造成的消极现象；说中国传统在未来世纪将在世界范围内复兴，等等，也都是从“能不能”这层意思上引发出来的。

历史上不曾发生与能不能发生，确是两种不同的问题。如果问为什么在历史上不曾发生，这两个不同的问题就有了汇合点。所以还是要讲历史。

可以做这样的比较，如说从某个时期起，中国开始落后于西方，这就是说，在这个时期以前中国是领先的。这是可以用换算出来的数字来表示的。问题还是出在“为什么”上。

法国一位有名的年鉴派史学家布罗代尔认为，西欧是从13世纪开始有了转机的，而中国恰在此时开始停滞了。为什么会是这样？布罗代尔承认他没有弄明白。也有说中国是从15世纪开始停滞的，还有把线画在18世纪的。但是都没有说出为什么来。

有一种很笼统的说法，说主要是历史的“路向”不同。“路向”，是要到一定的历史条件下才能看清的。好像走路，往往在走了很长一段路之后回过头来张望，才知道走了怎样一条路。

黑格尔说，历史行进总要表现为“历史精神”。他在讲东方文化时讲到了中国。那种讲法就像一个“旅游观光客”，用欧洲人好奇的目光把中国的风俗习惯、宗教哲学中的现象，扫描了一阵，把一些突兀奇诡的东西都显露出来了，有些把中国“漫画化”了。在扫描中，黑格尔得出了一个看法，说中国是一个没有变化的帝国。这就涉及一种“历史精神”了。

“路向”问题也是个“历史精神”问题。好比是人的性格，中国的历史和西方的历史也各有各自的“性格”。“五四”时期，有西方主“动”、中国主“静”之说。黑格尔的意思也是说中国几千年的历史是“静止”的，相反，欧洲的历史总是在那里“动”。施宾格勒把西方文化比作“浮士德式”的文化，有一种不停向前冲击和向远处伸张的态势，是外向的；而东方文化一般没有这种态势，它的倾向是向内的。态势不同决定了它们的形态不同。从施宾格勒到汤因比，都讲比较文化形态学。其实我们讲东西文化，如梁漱溟先生讲《东西文化及其哲学》，也是一种“比较文化形态学”。

不久前看到许渊冲先生在他的《西南联大回忆录之一》[①]里记载，皮名举先生为当时外文系一年级学生上西洋通史课，他说不学本国史不知道中国的伟大，不学西洋史又不知道中国的落后。我看，这的确是对中西历史的一种“通解”，是“史解”，也是“史识”。

二

中西文化是两种不同性质的文化。

中国文化和西方文化，属于两种异质文化，这是尽人皆知的普通常识。前面说“路向”相异，意思是说，中西两种文化在各自的“路向”的行进中，对自然界和对人类都有自己的一套想法，形成各自的思维模式，并且成为各自的文化属性。人们一望便知，某一概念是属于东方的，或西方的。例如，中国

① 见《文汇读书周报》1996年3月2日。

有先秦诸子、汉儒宋儒，有儒道释三合一，等等。其内容无论多么庞杂，多么学派林立，但使用的概念（或范畴）一望便知是中国的。西方从希腊迄于今，内容无论多么繁复，学派林立，各有主义，但使用的概念（或范畴）也一望而知是西方的。张东荪先生有一段话，我以为讲得很中肯：

> 中国与西洋，思想上学说上的不同必有些是出于思想的底格有不同。思想的底格所以如此而又必是出于民族的心性。中国人所用的范畴便是代表中国人做思想时的布局。就是中国人思想根底下所伏存的格局，这种格局不是一二个思想家所自由创造的，乃是代表全民族、即是由全民族在其悠久的历史上把其经验积累而成的。思想家对于概念可以创造新的，而其所使用的范畴则必是那一个文化中所久有的，所公同的。①

那么，中国和西方的“思想底格”定在哪里呢？我的简单概括是，西方的“思想底格”是“理性主义”，从古希腊起就讲“理性”，基督教神学统治时期，上帝是“理性”的化身，

---

① 张东荪：《知识与文化》，《民国丛书》第2编，上海书店，第125页。

人文主义使“理性”重新属于人。近代科学技术的哲学文化基础毫无疑问是以理性为指导的自然哲学。

中国的“思想底格”，我想可以通俗地用“天地良心”四个字来概括。这四个字是从李慎之先生在北京的一次演讲题目借用过来的（那次演讲我没有去听，所以这里的解释是我自己的）。“天地”是“天道”，“良心”是“人情”。“天地”里面有自然哲学的成分，但很少，语焉不详，如墨、荀、张载、王夫之等。“良心”指的是处理人与人关系的道德标准，这在传统文化里是大量的，也是中国传统文化的重点。“天人合一”里的自然观含糊，而且很快就与道德结合起来了；敬天、畏天，开始或是对自然界因不解而生敬畏的感情，然而等到提出“仁与天地一物也”，“有道有理，天人一也”等的时候，那“天”便成为“体仁”的道德化身，而不是物质的和自然意义的“天”了。

如果按照康德的“理性”构架，凡哲学都是含自然哲学和道德哲学两类的。前者解决“是什么”的问题，后者解决“应当是什么”的问题。在中国，宋儒也有所谓“尊德性”和“道问学”：陆九渊侧重“尊德性”，朱熹偏重“道问学”。后来朱熹说他的“道问学”是为了更好地“尊德性”。所以在中国道德哲学终是重于自然哲学的。而西方则较为侧重自然哲学。康德和费希特都把道德看得很重，但那是知性和理性发展、升华的必然结果，不是只靠人的行为规范可致的。因此，西方是“理”重于“情”，注意力侧重在对自然的探索上，重“理”必重“知”。中国是“情”重于“理”，注意力放在人际关系的“平衡”上，重“情”必重“德”，重视道德的约束和情操修养。

“思想底格”的不同，延续下来，就形成了不同的传统。在双方相互隔绝的漫长历史时期，彼此不发生谁影响谁的问题，只各走各的路，形成了各自的一重自然、一重道德的文化形态。

三

中西文化各具不同的历史背景。

中西文化具有不同的性格、模式、形态、范畴概念，已如上述。

文明也好，文化也好，都是在历史中形成的。换言之，文明的演进与历史的进程，与社会发展的脚步是相应的。

中国历史的进程，与西方历史的进程，是完全不同的。在中西于19世纪中叶相遇之前，双方各行其道。这一节说的便是中西相遇以前的历史。（诚然，中西接触比这个时期要早得多，但那些接触，如利玛窦，如后来络绎不绝的传教士，如沿海一带的商业，等等，对中国社会还不可能产生很有意义的冲击，影响总是有限的。）

旧中国的发展模式，是朝代更替的“自我循环”模式。可以拿秦始皇统一六国、废封建、立郡县作为一条分界线。分界线以前的历史，可以用孔子的几句话来概括。这几句话就是：“殷因于夏礼，所损益可知也；周因于殷礼，所损益可知也。其或继周者，虽百世可知也。”这是孔子回答子张的提问“十世可知也”的话。这就是说秦以前的社会秩序、政治体制是代代相因的，当然有所损益。后来孟子看出了中国要发生大变化。梁襄王问他：“天下恶乎定？”孟子回答说：“定于一。”又问：“孰能一之？”孟子说：“不嗜杀人者能一之。”“孰能与之？”对曰：“天下莫不与也……”

到秦始皇是“定于一”了，但不是按照孟子的意思实现的。秦始皇当然不是“不嗜杀人者”。对于秦始皇以后的历史，明末清初的王夫之也有几句话，可以用来概括，他说：“郡县之制，垂二千年而弗能改矣，合古今上下皆安之，势之所趋，岂非理而能然哉！”当然秦以后的中国并不是一贯统一的，历朝历代都有不同的分裂局面；皇族的、藩镇的、民族的、分立政权的分裂局面，史不绝书。但是从政治体制、社会形态、工农业生产方式以及由此产生的生产关系来看，确实是“二千年而弗能改矣”。

西方（欧洲）的历史模式却不同，它是阶段分明的、“螺旋式”上升的。古希腊罗马时期、中世纪、近代史期（文艺复兴、宗教革命、工业革命等）一路下来，阶段分明地从这一个阶段过渡到下一阶段，每个阶段都把社会向前推进一个时期。这里面有一个中世纪的看法问题，就是不能笼统地把公元1000年中世纪看作“黑暗时期”。按照这种看法，在欧洲的历史里，在中世纪之前和之后都是光明的，只这中世纪是黑暗的、神权统治的，是历史的“断裂”。历史学是长距离、远视角的科学，历史中当然有曲折、有倒退，但曲折和倒退，都是历史总进程的插曲，重要的是看总进程。说欧洲历史是阶段分明的、“螺旋式”上升的，就是讲的总进程，也包括了其间不可避免的曲折和倒退，以及不可能预计的偶然因素。具体说到中世纪问题，那真正可称为“黑暗时期”的大体上是从公元500年至1000年这段“过渡阶段”，到10世纪左右，西欧便开始稳住局面，要向新的世纪迈步了。近代西欧的很重要细胞——市民社会——作为近代国家形态的民族国家——商业和工业革命——科学技术的发明——思想领域的人文主义、理性主义、经验主义，等等，都是在中世纪后500年孕育了胚胎的。因此，从这种历史渐进的视角看，应该把中世纪作为近代资本主义诞生的前提来对待。这样来看欧洲的历史才比较贯通，才能看出欧洲的历史是一步步地靠近和进入现代化的。这个问题涉及欧洲中世纪史的诸多问题，非一文所能尽述。

所以，中国历史和西方历史，在中西相遇以前分属两种不同的“自然进程”，都是按照自己的“路向”运行的，合乎自身逻辑的“自然进程”，各自都符合自己的“长期历史合理性”①。

四

在“全球化”进程中，中西文化的态势如何？

在19世纪中叶，发生了中国和西洋大规模接触，西洋近代文明以各种方式、各种渠道大举进入封闭的中国，这段历史，人人皆知，无须细说。这里特意要指出的是，中国文明史的“自然进程”至此被打乱了；从此，中国必须加入世界历史的总进程，不可能再独自地在原来的轨道上运行。事实上，历史地看，中国从那时起已经开始提出了与外界“接轨”的问题了。不论当时提出怎样的改良主张，吸收西方的经验，乃是势之所趋，然而既是“吸收”，便是从自身体外“吸收”体内本

---

① “长期历史合理性”是从美籍华裔史学家黄仁宇先生的著作中借用过来的一个概念，不过是按照我的理解使用的。

来就没有的，一如树木的“嫁接”一样。这就是说：

第一，从文明史的意义上讲，这种“嫁接”是非做不可的；

第二，既是“嫁接”，那就不是从原来的“自然进程”中自生出来。所以自从与西方文明大量接触以来，中国就进入了一种“非自然进程”当中，各种各样未曾见闻的艰难险阻、各色大小难题由此而生。其中不免长期的、激烈的、残酷的政治斗争，特别是因外敌入侵引发的斗争、战争，等等。那该是属于政治史、国际政治史的内容。仅单只从文明自身的非自然演进来看，其中也势必包含难以预计、难以穷尽的问题。

然而，中西大规模接触并没有使欧洲文明的历史进程被打乱。15世纪的“地理大发现”以来，欧洲文明开始向外扩张，从欧洲到美洲，从欧洲到亚洲，从欧洲到非洲；在这期间，加速了现代市场的形成，加速了资本主义首先在欧洲西部的出现，造成了马克思和恩格斯在《共产党宣言》里说的“各民族在各方面的互相往来和相互依赖”的局面。在这种局面里，必定是使农村从属于城市，使未开化和半开化的国家从属于文明的国家，使农民的民族从属于资产阶级的民族，使东方从属于西方。[①]文明发展的规律，先进的势必影响、带动落后的；马

① 《马克思恩格斯选集》第1卷，人民出版社1972年版，第255页。

克思所谓“从属”，说明了物质文明改造世界的决定性作用所带来的必然现象。无论走什么路，任何一个正常发展的民族总是要从农业社会发展转变为工商业社会、科技信息社会的。

我们建设社会主义现代化要引进国外的先进技术、管理经验、资金设备等，要实行“拿来主义”，是完全符合文明发展的一般规律的。

现在世界已经进入“全球化”进程，这应是不争的事实。属于后来者的中国文明势必要经历一段必不可少的“非自然进程”的道路，然后在条件成熟时跃入新的、高一级的“自然进程”去。

这里有个怎样看待“西学东渐”和“东学西渐”的影响的问题。一般来说，两者产生的影响不是平衡的，不是等量的。东方从西方接受的影响要大得多；东方接受西方影响的主动性比较大，西方施影响于东方的主动性比较大。因此，东方对西方的了解总平均远超过西方对东方的了解，无论从深度看、从广度看，均如是。这里有历史因素，还有历史形成的心理因素。主要是各自的出发点不一样。

中国的出发点或目的性非常明确，从19世纪中叶起就是为了富国强兵、自强自立而要求了解外界。从洋务运动直到今天的改革开放，虽然社会政治制度发生了根本性的变化，但是要改变长期积弱落后状况，兴建富强的现代化国家，始终是几代中国人的民族心愿。了解外界与对民族荣辱兴衰的系念，从来是紧紧连在一起的。

当然，西方文明一旦被“拿来”，对中国的旧学，就产生了破坏性的冲击力，加速了中国传统文明的“礼崩乐坏”的进程。西方文明的冲击力量，自然不是孔学伦理能抵挡的。于是建设取代旧文化的新文化的任务便在旧学根基的倒坍中提出来了，这个艰巨而复杂的工作，至今还没有完成。

西方了解东方却有着不同的出发点，它不是要从西方以外的世界去寻求自强自立之道，而是在施影响于外界的时候，多半是猎奇般地把外界的东西带回来。例如，基督教文明把自己当作“万国宗教”，所以自认为有以上帝的名义改化“异教”的“使命”。与基督教相联系的，便有了欧洲中心主义的根深蒂固的心态，把中国等欧洲以外的地区划在他们的“世界”以外，像黑格尔说的，中国和印度都是处在“世界历史”以外的民族，总之是“化外之地”。如今在西方当谈到某事有“世界意义”时，这“世界”两个字仍多只限于西方文明所覆盖的地域。即使是对中国文化持同情态度或抱有某种好感的人，也不免是欧洲文化中心主义者。例如现在有一种说法，说中国的儒家学说曾对欧洲启蒙运动有启蒙作用，多举莱布尼茨和伏尔泰为例，且有引以为弘扬儒学之助力的。这是把中国文化在某些个人中刻上的印象夸大为社会影响了。这也是须另加详辩的问题，此处不赘。

总之，我认为，“西学东渐”的影响是具有社会意义的；“东学西渐”则没有社会性的影响。这是文明的性质决定的，不存在是非问题，也不存在感情立场的亲疏向背问题。

五

既要比较，更要超越比较。

中西文明异质，其史亦殊途，至此已明。那么，向前看，将怎样呢?

一种主张说，世界自15世纪起已进入“全球化”进程；在今天至少经济上的“全球化”趋势已无疑义，那么某种“全球文化”也正在到处流走，不是空谈了。持异议者则谓，现在还是民族观念为主的时代，民族间的矛盾、冲突，举目可见，有些地区还有加剧之势；在一般的国际关系中，国家主权或民族主权仍是根本因素。

在这里，“全球化”和民族观念互为矛盾，有如一对命题和反命题。前者以后者罔视“世界时代大潮流”，陷入了“狭隘的民族主义”。后者以前者罔视“民族根本利益”，陷入了“民族虚无主义”。

我以为，若辩证地看这问题，略加思辨，就会发现并不是非这样对立不可。

与此相联，我觉得须廓清如下两个问题：

第一是要廓清世界政治史和世界文明史的区别。从政治上看世界历史，则人类历史是充满冲突的。而从文明发展史看，则是既有冲突，也有融合；从长时期远距离看，文明的品格是前进的、开放的和融合的。“全球化”问题更多地应属于人类文明发展必然性的问题。

第二要廓清文明与文化的内涵。文明与文化常常混用，在这里就是混用的。德国人分得比较清楚。概要言之，文明是外在的，文化是内在的。康德说，文明是看得见的，或者是做出来给人看的；文化是精神深处的。近代德国社会学家艾利亚斯考证，“文明”二字源于中世纪宫廷中的“礼仪”，是表现出来的外在行为，渐渐地宫外的人学着做，以为这样才显得“文明”。这也算一解。我国钱穆先生说文明是物质的，容易传导的；文化是精神的，不容易传导的。他举电影为例说明有些东西是跨着文明和文化的：电影的器材，谁都可以用，但制作电影片的构思、艺术加工等更为“内在”的东西就不容易传播了。

我们现在把文明分为物质文明和精神文明。“物质文明”略等于康德概念中的“文明”；“精神文明”略等于康德概念中的“文化”。

结合“全球化”问题，我们可以看出“文明”的总趋势是“融合”，“文化”的总趋势是“百花齐放”。这也是相对地说，而非绝对地说。

这样，可以列入“文明”范畴的，大约是：经济的流通，科技的广泛应用，先进制度的借鉴，国际交往的通则等。这样的“文明”不单纯是物质的，也包括受物质制约和为物质所需要的某些上层建筑。这方面的总趋势是“融合”。说“总”趋势是指就历史时期而言，是一种文明史观。再重复一句，它当然不排除在现实生活中难以尽述的矛盾、冲突和斗争。

可列于“文化”范畴者，则哲学、宗教、文学、艺术、生活方式、风俗习惯等皆属之。文化的总趋势则不只是“融合”的，但也不因而即简单地说是“冲突”的，毋宁说是精神生活的多元发展的升华，其中当然包括不同文化在交流、比较和冲击中的相互融合。

总之，世界是越来越连成一片了。任何一个国家的历史都不能不摆在人类历史的框架里。所以就应以人类历史的观念去对待文明问题，超越东西方文明对立的情结。文明一日与人类命运相结合，则文明无论其为东为西为北，凡有利于人类幸福与进步的，人人得而用之。发展中的中国文明、中国文化，在人类财富中所占的比重正在、也必会大起来的。今天的知识产权问题，沸沸扬扬，每每相持不下，这是历史一段路程中必不可免的插曲，这个阶段终归要历史地被超越的。

从比较东西方到超越东西方，体现了一种不断进步的文明史观。不比较，就看不到我们的落后；而不超越，也难以迈开双脚走向未来。文明的问题不能与具体的、现实的利益纠葛混淆在一起，国家关系如何归根到底系于政治和经济权益，但它并不妨碍文明的沟通，历史就是这样走过来的。

（出自《临窗碎墨》）

中西文化之交相格义之学

关于中西文化史问题，我曾数易己见。

一开始，几十年前在国际民间友好活动中就有文化交流一说。于是，我们有关汉卿、英国有莎士比亚之类的“佳话”便被搜罗出来；当然，中国某古书上记载了某国的某事，某国某人曾提到过中国的青花瓷瓶之类均被视为“原来咱们早就相识”的证明。至于伏尔泰居然把《赵氏孤儿》改编为洋戏，尽管面貌全非，却仍可表明伏尔泰对中华文化之“热爱”。当然，如但丁的《神曲》早在何时就有了中译本之类的事，更要弄个清楚，以备同外人交往时（如宴会举杯祝酒时）说上两句，那是很有助于渲染气氛的。这些，无疑都是有意义的。

后来，就不大满足于停留在“浅层次”上，发现“比较”法更加有学问，而且各种中西学问之比较迅即成为时尚。市面上出现了这样那样的讲中西文化比较的书。特别是在所谓“文化热”中，中西文化交流一类几乎一哄而上。我于是也想凑凑热闹，思想也还止于“佳话”式的追溯。脑子里出现了两条道。一条通向了利玛窦，看了些材料，觉得该为这些“披着宗教外衣”的传教士讲些公道话，他们终究曾在中西文化之间搭过桥，功不可没。另一条则从钱锺书先生的《管锥编》《谈艺录》得到启发。钱先生旁征博引、中西贯通，但他却告诉人们中西文化之间实在不大好比。钱先生本人也没有说《管锥编》就是中西文化的比较。当然，若中学中有一说，也可于西学中发现相类之说，事不鲜见。钱先生信手拈来，都有奇趣，以证“东海西海，心理攸同；南学北学，道术未裂”。此是最高境界，至此，天地境界之中万物皆一，万物实备于我矣。然而在达到这境界之前，却隔着厚厚的一层，在这厚厚的一层里，中西之间存在着很难逾越的殊异。钱先生所做的，也只如他说的：“非作调人，稍通骑驿。”所以，中国与西方的比较，更多的是显见其歧异，进而剖解两种文明的特质。这里，研究的意义首先不在于别优劣：中西文明各自产生于各自的土壤中，在此为优者，在彼不必亦为优者，甚至可能结出谬种来。研究者的功夫，首先是还其本相，懂得两种文明的本相。

这个交流（或比较）的阶段，其实就是相互格义的阶段。比翻译进一步，也深一步。说到底，就是主体格义客体。我格义你时，我是主体；你格义我时，你是主体。格义得怎么样，也就见出格义的水平。既可能格义出两种文明的融通处（不是浅层次的），又可格义出两种文明的各自殊特义。总之，比较和交流的价值绝不是把两种不同质的文化硬往一块儿扯。过去曾引过钱先生《谈艺录》批评王国维附会叔本华以阐释《红楼梦》为“作法自毙”诸语，是很中肯的。钱先生说：

> 夫《红楼梦》佳著也，叔本华哲学玄谛也。利导则两美可以相得，强合则两贤必至相厄。此非仅《红楼梦》与叔本华哲学为然也。西方旧谑，有士语女曰：“吾冠世之才子也，而自憾貌寝。卿绝世之美人也，而似太憨生。倘卿肯耦我，则他日生儿，具卿之美与我之才，为天下之尤物可必也。”女却之曰：“此儿将无貌陋如君而智短如我，既丑且愚，则天下之弃物耳。君休矣。”吾辈穷气尽力，欲使小说、诗歌、戏剧，与哲学、历史、社会学等为一家。参禅贵活，为学知止，要能舍筏登岸，毋如抱梁溺水也。

我想，比较与交流之义，端在更能深刻阐发两美、两贤之所以美、之所以贤，而非强加附会也。这是我近来的悟解。

1992年1月5日

（出自《书巢漫笔》）

中西文化思想史之再观察

中西文化比较之第一义是形式上的“可触性”的交流——如中国古代丝绸之路所做的贡献。丝绸、蚕茧之类是看得见的。有些交流也可带来观念上的变化，如赵武灵王胡服骑射。这于思想之交通并无大补。史家热衷于详细地描写以示中西交通之“源远流长”，可起某种“谈资”的作用。

次乃及于“上层建筑”，如风俗习惯之传播，此则有地缘上的关系，太远了便达不到。风俗最不易受外来影响，比任何哲学的、宗教信仰的力量都大而深。宗教信仰可以改变，风俗却不易跟着变。明末清初的皈依了西教的中国人却改不了祭天祭祖祭孔的习惯。罗马教廷就把这看得十分严重，以为这损害了天主教的“纯洁性”。中国人则认为信奉天主教是可以的，但是你不能“数典忘祖”。康熙的“容忍度”相当大，他的子民可以信洋教，但不可不拜祖先，不可不崇拜孔子，不可不孝敬父母，不可不忠于皇上……风俗、习惯、礼数，浓缩起来就是法统的体现，道统的体现。这在中国是一个很有趣的现象。徐光启皈依了天主教，用意是“补儒易佛”。徐是讲经世致用的，他不喜欢佛家之只讲虚理，而利玛窦则是把《天主实义》同一些自然科学的知识一起带来了，这就大有助于弘扬儒家的齐治平的入世观。至于也皈依了天主教的杨廷筠则想兼收并蓄，要把儒道释耶来个“四合一”。杨不像徐那样有名，可是他这个想法在中国人的思想意识里，却是行得通的。实际上后来不少信了基督教的知识界中人，都只不过是在中国哲学文化之外再加上基督教的观念而已。这已经从风俗说到哲学的观念了。

这就是说，中西文化从物质的交通，进到了思想领域里的交通了。一进入这个领域，情况就复杂得多了。

首先互相看对方，是异质的。交流是不同的东西之间的交流。接触到新东西，自己没有，这才引进，双向的便叫“互通有无”。既然“互通”了就必定有比较对照。物与物比，比较容易；形而上的东西相比就困难多了。于是便有了比较法，先在可以参比的、可以相通的范围里比。譬如说戏剧，中国有关汉卿，西方有莎士比亚。比其两法，或比其相通处，或比其相悖处，或“求同”，或“立异”。

然后是深一层的比。“同”也罢，“异”也罢，总要究其何以同，何以异。于是思想不限于某一领域，而是徜徉于广义而深层的文化空间（历史的、政治的、人文的）。从根本上说是游荡于中西哲学空间之间。

到了这一步，就又要从“通”到“隔”，即异质文明之所以异。这就是钱锺书先生所谓“利导则两美可以相得，强合则两贤必至相厄”，所谓“参禅贵活，为学知止，要舍筏登岸，毋如抱梁溺水也”。钱先生此处意在不要把小说、诗歌、戏剧，与哲学、历史、社会学等一律混在一处比附，推而及于两种哲学体系之间之不宜强加比附，怕也同此一理。

也就是说，到了这一步，就需还中学、西学各自之本相。严复所谓中学有中学之体用、西学有西学之体用是也。

到达这一境界乃是更深一层的，既不是只执中西其中之一端，也不是进行皮毛的比附，虽然难免要互相格义，终是不离各自的体统血脉。然而总是治中学时，心里有个西学；治西学时，心里有个中学。即把各自的体用弄得一清二楚，而不是把不同体用的名词概念互相套用。例如，“资本主义”一词就已是用滥了的一个名词，用到极致时莫过于“走资本主义道路的当权派”。笼统地把私有观念，乃至意识里的“个人主义”都挂在“资本主义”上，十分不通。因为应把资本主义看作一个历史过程中的体系，并不是任何土壤里都可以长出“资本主义”来的。资本主义产生于欧洲中世纪以后，是经过了若干个特定的历史阶段才成为今天这种样子的，横向移动过来的一些东西，到了另一个地方，那里并没有产生它们的同样的历史条件。若把它们同资本主义的发展史挂起来是可以的，说它们本身就是资本主义就不准确了。所以，欧洲那样的资本主义不可能生长在别的地方（美、加、澳、新都是没有自己的历史传统文化的地方，可以例外）。

所以，在这种境界里，就需把各自的社会及其文化特征考察一番，以见其体用之异。各自的体用都是历史地产生的。过去曾有人在中国历史中也划出一个“中世纪”来，极不妥。因为“中世纪”有其特定的历史内涵，和文艺复兴、启蒙时期一样，都是特定历史的产物。西方有的，中国不一定有。广义地借用一下虽无不可，但从学理上深究，则不可。犹之中国有宋明理学时代，如何能在西方也开一个“理学”时期呢？因此，将西方划分时代之方法移于中国，不知不觉地即堕入以西学为主体的圈子里了。

再进入一种更深的境界，才能达到中西学在学问之极致中打通的境界。钱锺书先生说的“东海西海，心理攸同，南学北学，道术未裂”的境界，不是轻易所能达到的。寻常人但求东西学之眉目相类或相异，都只是皮毛的，即浅层次的，即我之所谓可为“谈资”者，离“心理”的、“道术”的通解还隔着十万八千里。能进入到这一层，治中西思想文化者庶几可以大彻大悟了。这于我们只是一种仰之弥高的信念，那也许就是老子无以名之而强以字之的“道”；或竟如西哲莱布尼茨的所谓“先定和谐”。

然而我相信，这种境界绝非莫测高深地讲几句禅语般的空话可致，而是需在通解东西两学各自的体用之后方能望见。而通解各学体用则是最需花大力气、费时间的事。否则，就只能停留在一般性的，或者形式上的比附。此类作品，中西皆有，汗牛充栋。

于此，我觉得，一个治西学的中国学人必得通晓西学，而治国学者也必得通晓西学。如今所更需倡明者，应是系统的国学和系统的西学。尤其需在国学上着力，因为：一是国学已经断代；二是中国学人不谙国学，则无法消化西学，“打通”云云，不过空话而已。

这里还有一个如何看待中国哲学的问题。

中国哲学有它的特点，用西方哲学的体系去衡量，是没法子理解的。从形式上看，中国哲学不像西方哲学那样有康德、黑格尔等的成本大套的著作，零零碎碎，语录式的，不用说《论语》《孟子》《老子》，就是朱熹编的《近思录》、黄梨洲编的《明儒学案》，也不过是“名言集锦”之类。再者，中国没有西方那样的分科。中国没有独立的哲学、独立的政治学，等等。你想找什么，都到里面自己去找。所以冯友兰先生说，中国哲学家的任务之一，就是给这些没有系统的东西理出一个系统来。中国哲学没有西方那种详于思辨的习惯。一个道理翻过来倒过去地说，唯恐你嫌它没有讲透，这是西方的习惯。“尽在不言中”，“书不尽言，言不尽意”，话留半句，这是中国的习惯。中国也有洋洋洒洒的宏文，但那是讲实际的事（如诸葛亮的《出师表》、司马迁的《报任安书》等），不是讲虚理的。凡讲虚理的，多尚简约。

有一种看法说中国不大讲虚理，这不尽然；相反，中国哲学讲虚理，可以讲得非常之“虚”。这也恰恰是中国哲学的一大特点，或优点。就是它可以“虚”到具有超过西方哲学的既大且远的包容性。它可以给你依据不同的历史时期神思驰骋的天地。正由于“虚”到极致，因而可以为了不同时期的“实”而开出新意。黑格尔是头号大哲学家，但是他理解不了中国哲学，因为他太执着于体系；莱布尼茨的哲学成就远不及黑格尔，但他能比黑格尔更理解中国哲学，因为他不拘泥于体系，而给理解以更机动灵活的天地。

所以，这是中国哲学的一大特色或优点。它的包容性涵盖了纵横两个方向。纵的是不同的历史时期，横的是天地人生。这两方面的丰富内涵都有待开掘，而这是从古到今都没有开掘透的。

我对中国哲学的容量，理解得太晚了。至少就研究学问而言是如此。鉴此，在研究中西文化思想史时，需胸有中国哲学的主体，方能搔到痒处；再与西方哲学相对，方能有较深的体悟。

1992年7月18日

（出自《书巢漫笔》）

中西文化交流中之不平衡与前瞻

在中国与欧洲的各种关系中，文化的交流是历史比较长，也是比较普及的；交流的内容十分广泛而庞杂，因为“文化”本身就是一个不易界说、包容性很强的概念。康德的意见比较严格，他认为，只有能造福于人的东西才好称为“文化”；文化应该有人文价值，它的内核最终系于每个民族的历史传统和哲学观念。所以，中西文化交流本质上是两大价值体系的交流。

文化交流不同于政治谈判和经济贸易，它没有那么实际，没有那么迫切，也没有一方对另一方的“义务感”和“约束力”。政治、经济的谈判、签约等，都是比较“硬性”的，目的明确。文化的交流是“软性”的，机动性比较大，不必勉强“求同”，也不必刻意“立异”，交流的双方除了签有协定外都用不着承担什么义务，不像政治、经济那样受到许多很具体的规定的制约；文化的流动性很强，它不一定非得通过“谈判”才能从一个民族传给另一个民族，传播的媒介也多样而灵活。一般说来，“政治气候”对文化的传播虽然可以产生或轻或重的影响，但是却不可能杜绝它。所以，文化相对于政治和经济而言，具有相当程度的“自主性”。例如，一国同另一国的官方关系可好可坏，但却不致因此对两国的科学成果、学术水平等的评价也相应地有所改变，当然在实际的传播上或许要受到些影响。

再者，由于文化不像政治经济那样直接地关系着“国计民生”，所以时常被人有意或无意地看作“余事”。殊不知，文化的交流正由于它可以渗透到人和社会生活的深处，所以对于不同民族间在人文领域里的相互认识和感染，常可起到政治经济起不到的作用。对于异国的在人文方面的印象（不论这些印象准确与否）往往可以留传得相当久远而深刻；有些印象即使时过境迁仍然滞留不去。我到欧洲去便时常发现几十年、上百年前对中国的印象，甚至马可·波罗、利玛窦等人带回的信息还在那里起作用。之所以如此，原因当然不止一条，但足可见印象一旦形成，就很难改变，直至变成偏见。看来人对物质条件的变化比较容易感觉到，对人文条件的变化则察觉得要迟缓得多。

这样说也就反视出文化交流的价值，建立一种印象，或改变一种印象，文化交流都与有力焉。所以，文化交流虽然是“软性”的，需长期以见其功，但却为人类文化生活之不可或缺。

中西文化交流进行得如何呢？评价一下也未尝不可，总有成绩可说的。不过不能用估价经济贸易的成绩那样看数目字，文化交流是需要更长期地看效应的。成绩如何，主要看对外界的知识增加了没有，吸收了多少有益的营养。当然这方面成绩不能全算在文化交流的账上。反过来看，若不进行文化交流，则各国间的文化隔阂显然会比现在严重得多。问题是在我们同欧洲的文化交流中有一种“不平衡”的现象还一直存在着。讲交流，无非是“西学东渐”和“东学西渐”。所谓“不平衡”，就是说这两股运动不平衡。一般来说，东方对交流的要求比西方迫切，因而东方对西方的了解超过西方对东方的了解。这里有历史因素，包括历史因素造成的心理因素，这主要指的是双方的出发点不同。

中国的出发点（或目的性）非常明确，从19世纪中叶起就是为了自强自立而要求了解外界，从洋务运动直到今天改革开放，虽然社会政治制度发生了根本性的变化，但是以改造和兴建富强的国家为急务，却无不同。认识外界与对民族兴衰荣辱的系念一向是紧紧相连的。因此非得向西方实行“拿来主义”

不可。这也是我国经世致用的传统文化观在文化交流上的表现；于是交流什么，轻重缓急便也以此为准绳。

换一个角度看问题，则会发现西方文明一旦被“拿来”，对中国之旧学，就必带有破坏的性质，从而加速了中国“礼崩乐坏”的进程。像李大钊说的，“时代变了！西洋动的文明打进来了！西洋的工业经济来压迫东洋的农业经济了！孔门伦理的基础就根本动摇了！因为西洋文明是建立在工商业经济上的构造，具有一种动的精神，常求以人为克制自然，时时进步，时时创造。到了近世，科学日见昌明，机械发明的结果，促进了工业革命……”这样的冲击力量，自然不是孔学伦理所能抵挡的。从那时起，建设取代旧文化的新文化的任务就在旧学根基倒坍中提出，虽然谁也不能清楚地说出中国的新文化该是什么样子。这个艰巨而复杂的任务至今还远未完成，其问题不断受到文化以外的现实矛盾的掣肘、干扰和阻滞。照我想，这个新文化不应排斥，而是要发扬民族历史传统中格物致知、生生不已的哲学思想，而更为切要的则是吸收和消化新的营养，更新自己的血液，强固自己的肌体。这是另一问题，此处不深谈。

西方了解外界的出发点却不同，它不是要从西方以外去寻求自强自立之道，而是要施影响于外界。它的文化是外向的，例如，基督教文明总是着意于一种使非基督教的民族“基督化”的“使命”；或者竟出自一种向“非欧洲”文明中“猎奇”的心理。从16世纪起，无论是努力在中国典籍中“求同”的利玛窦、莱布尼茨、伏尔泰，还是刻意与中国典籍“立异”的龙华民、马勒伯朗士；无论是对中国知之不多的康德，还是放言评说的黑格尔；无论是引中国社会为“模范”，还是贬之为“守旧落后的化身”，都无例外地把中国划在他们眼界所及的“世界”以外。像黑格尔说的，中国和印度是处在世界历史以外的国家。莱布尼茨那样热衷于在宋明理学里搜寻基督神学的理性，他的最终目的则是为了寻找在中国适合基督教种子的哲学土壤。这在他的许多通信中都曾一再提起。总之，在西方看来，中国是西方基督教文明的“化外之地”，是世界尽头的一个“神秘国度”。这种“欧洲中心主义”心态直到今天还时有它的影子；当谈到某事有“世界意义”时，这“世界”二字只限于西方文明所覆盖的地域。所以相对而言，欧洲人对待中国文化较少有如中国人对西学那样的热忱和急于吸收的迫切心情。

这样的现象在历史上有其必然性。马克思和恩格斯在《共产党宣言》中讲到资产阶级是“生产方式和交换方式的一系列变革的产物”时写了这样一段话：“资产阶级使乡村屈服于城市的统治。它创立了巨大的城市，使城市人口比农村人口大大增加起来，因而使很大一部分居民脱离了乡村生活的愚昧状态。正像它使乡村从属于城市一样，它使未开化和半开化的国家从属于文明的国家，使农民的民族从属于资产阶级的民族，使东方从属于西方。”这里的有些用语，现在看来可能有些刺眼，那说的是19世纪中叶西方资本主义向外扩张的形势，同时，也是世界文明的发展和进步的趋势和进程，走在前头的总要影响走在后头的。所谓“从属”，是物质文明改造世界的决定性作用所带来的现象。无论走什么道路，任何一个正常发展的民族总是要从农业社会转变为工业商业社会。中西文化交流的不平衡状态——“西学东渐”和“东学西渐”的不平衡状态——正是从这条不平衡的基本线上产生的。也正因此，在“西学东渐”和“东学西渐”这两股运动中，前者的势头一直是超过后者的。

自从中国人民站立起来以后，这种不平衡的状况已经大有改变，但是中国文化在世界上的地位和价值仍然没有得到应有的认可，这一方面有历史惯性的原因，文化的进步一般比文明的进步要滞后许多。本文前述新文化建设之杂亦属此。另一方面很大程度也是因为今天的世界（其中当然包括中国自己）太过分地看重功利，眼光只盯住可以触摸得到的利益，以致凡属“远水不解近渴”的精神价值必为所掩。更何况，今天的世界基本上还受着西方文明中心主义的统治，西方文明以外的文明仍常被视为一种点缀陪衬，或被当作“异国情调”加以玩赏。

总括起来说，无论是价值体系的根本不同，还是文化交流的不平衡状况，都正说明中西文化交流不是一件力强而至的事，它比起政治、经贸领域的关系来，更加需要时间和耐心，需要博大的容量和细水长流。要改变交流的“跛腿”现象，必须双方都付出长期努力。让西方彻底改变欧洲“中心”的心态，平等地对待和尊重非西方文化，谈何容易！我们只能反而求诸已，用我们自己的进步“迫使”他们改变那种传统的心态。为此，在我们中国这一方，就要争一口气，使自己赶快富强起来。让经济繁荣带出一个全面的“文艺复兴”来——从自然科学，到哲学、社会科学、人文学科的全面繁荣。未来的中国应不但是经济大国、科技大国，而且是教育发达、古老文化复兴、新“国学”昌盛的国家，比今天充分得多地展示出它符合改革开放新时代的新文化体系。到那时，几个世纪形成的中西文化交流的不平衡格局，就会水到渠成地发生变化。

从更积极的意义而言，中西文化交流是两大优秀文化的交流，是两大美学原则的交流。“二美并”应该引出人类文化的新局面。莱布尼茨在几个世纪以前就曾希望有一天两个伟大文明携起手来共同建造合乎理性生活的人类社会。虽然这显得十分理想主义，然而理想总是美好的、吸引人的。

我常想，从哲学意义上讲，中西文化交流应该放在人类文化史的大框架里，它的意义不应只限定在一些文化交流的具体内容上。人类文化从远古到今天，有源有流，形成了若干主要的民族的、地域的异质文化体系，各自有其历史的长期合理性，有其兴衰隆替的历史。然而，从文化演进的归趋或最高境界放眼，至少中西两大文化体系可以在哲理深层里打通。事实上也有一些学通中西之士在做这样的探索。在这种“上下与天地同流”的境界里，民族、地域之别，思想语言的壁垒都不足道，都将无碍于最高理念的大化流行。这种境界当然只能诉诸遥远的明天，目前只能作为历史哲学的思考；然而，思接千载，视通万里，中西文化的深层底蕴是应当可以“神交”的。钱锺书先生有两句话可以借用来讲文化交流的两个层次。“利导则两美可以相得”，这是现在要做的。“东海西海，心理攸同；南学北学，道术未裂”，这是文化在深层次的哲理中打通的境界，是我们憧憬的境界。

人类文化史是要以世纪计的，不该希冀不可企及的东西。但是却可以期待，中国和欧洲的各方面关系在下个世纪比以往任何时代都会有更大的发展。

原载《中国社会科学季刊》1994年2月刊

（出自《临窗碎墨》）

历史与展望
——中、西（欧）交流发展之我见[①]

中、西（欧）交流史一瞥

东方的中国是一个具有悠久历史的文明古国，西方的欧洲也有自己的古老文化财富。

几千年来，人类繁衍，物换星移；随着时光的流走，历史的不断演进，世界各个地区在运动中发展着；民族国家的形成和它们之间的沟通，成为历史的必然。

中国和欧洲之间的交通，由于地理的距离，山川阻隔，是需要一定的物质文明的条件的。所以直到15世纪末航海术有了

① 1985年12月6—9日，中国社会科学院和联邦德国诺曼基金会在北京举行“中国和西欧80年代发展趋势及90年代展望”学术讨论会，这是在讨论会上的一次发言。

发展，东西之交才有了较大的开展。葡萄牙人到中国来的时候，大约相当于明武帝朱厚照的正德年间（1506—1521），以后西班牙、荷兰、意大利便陆续有传教士到中国来。

科学技术的不断进步，继续把空间压缩，把时间加快，地球日益变小了。一百多年来近代史上东西交通的密度，是以往数千年难以比拟的。由于世界上出现了帝国主义，欧洲列强对旧中国施加了强权和暴力；但中国与欧洲国家的交往却比以往更加密切了。

当历史翻到20世纪四五十年代时，中国和西欧的关系开始步入一个新的时期。在尔后的几十年当中，包括西欧在内的欧洲国家和中国之间建立起了体现新型国家关系准则的国家关系。

根据以上粗线条的一瞥，可以看出中、西（欧）之交的如下三个阶段：

1. 19世纪中叶以前；
2. 19世纪中叶至第二次世界大战；
3. 第二次世界大战结束以来。

从隔绝到接触

第一个时期，指的是从远古到19世纪中叶以前的漫长的几千年。在这期间，中国在世界上基本上是一个封闭的社会，改朝换代是经常有的，但社会的封闭性没有突破。

当然与外界的隔绝并不是绝缘状态。从汉朝的张骞以来，还是有些人跨出了当时帝国的边界，为同外界接触做了长期的艰苦努力，他们的足迹到达了小亚细亚，最远到了中东。在汉朝，罗马帝国已以“大秦”的名字见于中国的史籍。如公元67年，汉和帝时，班超曾派遣甘英出使“大秦”，抵海（大约是阿拉伯海）受阻而返。公元166年，汉桓帝时期，罗马国王安东尼遣使向汉奉献贡物。其后在公元3世纪晋武帝时，“大秦”又遣使通好。

到中国北宋时期，大约公元11世纪时，中国和东罗马有过一些接触，西方的基督教还曾流传到了中国的西北地区。当时的蒙古族汗国已有人同意大利、法国、英国有过接触。特别是公元13世纪，蒙古在入主中原以前曾多次西征，一直及于今日的波兰、匈牙利和奥地利境内。最著称于世的，要算忽必烈建立元朝以后马可·波罗的旅华，这位意大利旅行家在元朝滞留17年之久，还在扬州做了中国的官，他的游记至今仍在西方广为流传，被视为介绍中华帝国风物的第一部著作。以后不断有罗马教士来传教，带来了“贡物”。元朝覆灭后，基督教在中国的传播随即中断了一段时期。在这段时期内，中国和欧洲有了有史以来最密集的来往。

到我国晚明时期，即16—17世纪，葡、西、荷、意等国传教士接踵而来，中西交流出现了一次“高潮”。此时的欧洲刚走出了神权一统天下局面，资本主义文明正在发芽、生长。比较知名的如意大利人利玛窦（Ricci Matteo）、龙华民（Nicolaus Longsbardi）、日耳曼人汤若望（J Adam Schall von Bell）等来到了明王朝统治下的中国，一面传教，一面把西方科学文化带进一些。据传，这些传教士带来近一万册图书。据中国近代学人张维华先生的研究，“西士著述，以关宗教者为多，余为天文、历法、算术、物理、机械、水利、地理、哲学、伦理等，均有论著。”[①]他们带来的论著吸引了明王朝一些开明的朝廷命官，《明史》记载说：“……士大夫如徐光启、李文藻辈，首好其说，且为润色其文词，故其教骤兴。”[②]看来当时西方的某些学说是很引人注目的。徐光启还和利玛窦等人合修了“历法”，移译了15卷本《几何原本》（*Euclidis Elementarum Libri XV*）中的6卷。当晚明受到满洲统治者在东北的武力威胁时，徐光启、李文藻等力促朝廷到广东

---

① 张维华：《明史欧洲四国传注释》，上海古籍出版社1982年版，第173页。

② 《明史》，中华书局，第8461页。

沿海购置西洋大炮，并重金延聘西洋工匠到军队里传授技艺。张维华先生评论说：“明末西洋教士，或参加历局修历，或参加军旅，以抗满人，又或参加制造火器之事，此为中西关系上应当注意之事件。”①

欧洲对于中华帝国的文明也已始有所闻，且不仅限于风俗习惯方面的猎奇故事。例如，德国大哲学家、大数学家莱布尼茨（Gottfried Wilhelm Leibniz）在1697年出版的《中国近事》文集中就提出了欧中在文化科学领域里相互学习和交流的重要观点。莱布尼茨在他的数学研究中受到了中国《易经》的启发。

中国和欧洲，有如两座相距遥远的大厦，已在朦胧之中打开了几扇门扉，互相看到了大厦内部的一鳞半爪。这在漫长历史中自是令人鼓舞的现象，它预示着地球上的两大文明地区必然地要相互接近、相互了解。

历史上的不平等关系

到19世纪中叶，中国和欧洲的关系发生了较大的突破。

① 《明史欧洲四国传注释》，第168页。

1840年，英国对清王朝发动了第一次鸦片战争。卡尔·马克思说："英国用大炮强迫中国输入名叫鸦片的麻醉剂。"[①]英国的大炮"破坏了中国皇帝的威权，迫使王朝帝国与地上的世界接触。"[②]其后，其他列强起而效尤：有英国和法国联合发动的第二次鸦片战争、法国发动的侵略战争、日本和沙俄在中国土地上进行的战争、日本对中国的侵略战争，以及八国联军对中国进行的联合侵略战争……每次战争之后，清王朝都被迫签订一项或几项不平等条约，被迫割地、赔款。进入帝国主义阶段的欧洲列强和后起的日本和美国，纷纷扑向贫瘠而孱弱的旧中国，向腐朽的清王朝掠取领事裁判权、租借地、海关控制权等"权益"。到19世纪末和20世纪初，旧中国的相当一部分领土被列强分割为各自的"势力范围"。在那种条件下，欧洲列强同旧中国的关系只能是侵略与被侵略的不平等关系。

这段历史的另一面则是中华民族的猛醒。抵抗英国侵略的爱国将领林则徐以其切身体会提出，中国应该"开眼看世界"，要"师夷之长"；越来越多的志士仁人、先进的知识分子，纷纷向西方寻求强国富民之道。毛泽东说："自从1840年

---

① 《马克思恩格斯选集》第2卷，人民出版社，第2页。

② 同上书，第3页。

鸦片战争失败那时起，先进的中国人，经过千辛万苦，向西方国家寻找真理……那时，求进步的中国人，只要是西方的新道理，什么书也看。向日本、英国、美国、法国、德国派遣留学生之多，达到了惊人的程度。”①中国要走向世界，已是势不可遏的必然趋势。

辛亥革命以后不久，第一次世界大战爆发。战后德国成为战败国，从而丧失了它在中国掠夺的“权益”，美国和日本在中国的影响加大，英法势力相对有所削弱。20世纪20年代在中国兴起了到欧洲勤工俭学的热潮，进一步寻求救国之道，这极大地推动了中西交流。不少优秀青年到了法国、德国、英国等西欧国家，在那里或工作，或学习。当然，这只是中西关系中一个重要方面，不平等的国家关系并未改观，中国的命运继续受到列强的支配。1922年九国华盛顿会议就是一次西方列强重新瓜分中国的会议。

第二次世界大战的爆发使脆弱的和平时期的世界秩序受到剧烈的震撼，世界大多数国家在这场反对德意日法西斯的战争中站在了同一阵营；中国和参加反法西斯战争的欧洲国家成为战争中的盟国。

① 《毛泽东选集》合订本，人民出版社，第1474—1475页。

战争打乱了以往的世界格局；战后的中国和欧洲国家各自发生了重大变化，从而使它们之间的关系步入一个新的时期。

中、西（欧）关系的新时期

第二次世界大战结束以后，欧洲分成了东欧和西欧，分属两个对立的阵营。西欧在战后时局的严峻考验下，很快形成了既不同于苏联，也不完全与美国相同的对世界局势的看法，并在与美国结成盟国关系的前提下对战后冷战时期的政策进行了调整，使之适应局势的发展和自身的安全利益。今日西欧在“同一性”中有“多样性”，在“多样性”中有“同一性”，努力在世界重大问题上“用一个声音说话”，成为促进世界和平的稳定因素，为实现一个“多极化”的世界而努力。

中国在战后发生的变化，更是带有根本性质的变化。1949年10月1日中华人民共和国的成立，是中国近代史的极为重要的转折点，从此结束了百多年来被侵略、受屈辱的痛史，中国人民第一次站起来了。在国内，新中国有条件开始全面的国家建设，走上了社会主义道路；对外，新中国奉行独立自主的外交政策，在成立前夕，1949年9月29日通过的《中国人民政治协商会议共同纲领》便昭告世界：“中华人民共和国外交政策的原则，为保障本国独立、自由和领土完整，拥护国际的持久和平和各国人民间的友好合作，反对帝国主义的侵略政策和战争政策。”提出，新中国将在平等互利、互相尊重领土主权的基础上与世界一切国家发展正常的政治和经济关系。后来，这些原则进一步发展成为有名的和平共处五项原则。

正是由于这种战后的客观形势，尤其是由于中国和西欧在世界上的地位都发生了巨大变化，新中国和战后西欧各国才有可能建立起历史上从未有过的新型的、主权国家之间的政治和经济关系。至今，中国已与几乎所有的西欧国家建立和发展了正常的政治、经济、科技和文化联系。中华人民共和国和欧洲共同体也建立了外交关系，联系一天比一天密切。

中国和西欧在世界舞台上所起的作用，从来没有像今天这样举足轻重。东方的中国和西方的欧洲在国际事务中的政策和行动，日益具有制约和抵消战争因素的分量。中国领导人在各种场合经常强调：“把命运掌握在自己手里的、一个联合起来的、团结的欧洲，同奉行独立自主政策的中国，将是维护世界和平与稳定的一个非常重要的因素。”1983年6月西欧联盟议会第29届例会关于“中国与欧洲安全”的报告也说：“欧洲既不希望这种世界平衡由一个大陆霸权统治着，也不希望它仅仅由目前的两极来确定。在亚洲一支独立力量的发展只能使欧洲更具有分量，如果欧洲能足以联合起自己的力量来确定一项政策的话。”这两段话措辞不同，但精神是相符的。

在经济领域里，中国和西欧也在平等互利的基础上结成了合作关系。中国和西欧各有优势，可以互通有无，取长补短。在经济贸易和科技交流等方面，新的合作领域正在开拓，多样化的合作方式正在探索。一个富有潜力的前景正日益清晰地展现在人们面前。良好的政治关系推动了经济合作的顺利进行；经济关系的丰硕成果也必然地使政治领域内的相互支持建筑在更为牢固的基础之上。

中国和西欧各国具有不同的社会制度和意识形态，但丝毫不妨碍国家关系的发展；相反，本着相互尊重的原则，社会制度和意识形态不同的国家完全可以成为很好的朋友。中国和西欧多国关系的正常发展，是大有可为的。

关系的深化和学者的任务

综上所述，在历史的长河中，中、西（欧）之间互不相通的时期是比较长的，但早已是历史的陈迹；开始有些堪称为联系或交流的接触，是在15世纪末和16世纪初，我国《明史》中的《欧洲四国传》是我国史书中为欧洲国家立传的开端。[①]从19世纪中叶以后的一百多年，是人们较熟悉的，那是中国被侵略、被宰割的年代，这一百多年也已成为历史的陈迹了。中、西（欧）在第二次世界大战以后的关系则进入了一个新的历史时期，到现在刚刚40年。中、西（欧）关系已经奠定起一个相当坚实的基础，找到了在新的历史条件下指导它们之间关系的准则，而且双方都决心恪守这些准则，一起谱写中、西（欧）交流史的新篇章。这正是我们今天的现实。

新的关系既已建立，那么今后的中、西（欧）的交流便将在现有基础上更加提高、更加深化。经过努力可以达到的前景肯定将超过历史上的任何时期。争取持久和平的国际环境和谋求自身的繁荣进步的共同目标，将使我们之间的汇合点越来越多。

当然这需要我们的持续努力。在这方面，中国和西欧各国都提出了许多有积极意义的、建设性的建议。我在这里要提出的，只是一个比较抽象的问题，即：作为一个社会科学工作者应该为中、西（欧）关系的深化做些什么？

① 除《明史》《明实录》等史书外，我国丰富的有关明代的野史、稗史对当时葡、西、荷、意等国航海和传教士来华逸事，也有很多记载，如明严从简《殊域周咨录》、明顾炎武《天下郡国利病书》、明沈德符《万历野获编》、明屈大均《广东新语》、清王韬《泰西著述考》，等等，不胜枚举。

广而言之，我们学者最重要的职责应该是加深彼此间的相互了解，不仅了解对方的现行的各种政策、主张和建议，而且应该更深一步地了解彼此的历史（即各自是怎样发展到今天的），了解彼此的经验，了解彼此社会的内在联系和内在规律，以及彼此具有传统特点、历史特点、民族特点的价值观念和思维习惯，等等。这些看来是比较抽象的，似乎不见得能对于中、西（欧）交流的推动收立竿见影之效，但对于深入了解自己的合作伙伴，以便更好地推进相互间的合作关系，却是十分有意义的。这正是学者责无旁贷的职责。就像18世纪德国哲学家费希特说的，一个学者应当“高度注视人类一般的实际发展过程，并经常促进这种发展过程”①；为此就必须“优先地、充分地”发挥这种“社会才能、敏感性和传授技能”。②

为此，就要求加强中、西（欧）之间的各种学科的学术交流，以利于使此一方对彼一方的历史和现状、哲学和思想、成就和曲折比较熟悉，从而有助于减少合作中的隔膜，缩短观察和判断的距离，找到共同进步的新方法。这种对促进关系向更深层次发展所起的潜在作用，是绝对不应该小看的。

---

① [德]费希特著，梁志学、沈真译：《论学者的使命人的使命》，商务印书馆1984年版，第40页。

② 同上书，第42页。

中、西（欧）之间的接触，需要从历史过程的角度来考察。建立起正常的、主权国家之间的新型关系，为时并不长，但它属于一个人的青少年时期，只要我们精心地加以培植，养根加膏，它一定会不断茁壮成长，结出更多的硕果。

“乐莫乐兮新相知”，这是中国古代诗人屈原的名句。用于促进中、西（欧）之间的枝繁叶茂的学术交流，不妨赋予新意：为了迎接新时期的挑战，我们应该有尽可能多的“相知”，需要相互间尽可能深的了解。这对于深化中、西（欧）在各个领域中的关系，肯定是十分有益的。

我们这次进行的讨论会，可以说毫无愧色地起着这种作用。

附记：这是一篇平平常常的“应景”式的发言，是叙人民间之友好的，并不及于中西文明交流中的学理问题。用意只在平实地说明，中西两大文明的相遇，乃是一种历史的现象；而既是历史现象，则交流之效就不可能计日程功。此其一。第二，在这个世界上，总要既了解自己，又要了解别人；而了解别人，才好更精密地了解自己。朱佩弦先生有一段讲“自知”和“知他”的关系的话，我觉得极好。他说：“实际上，‘我’是‘极天下之赜’的！‘自知’而不先‘知他’，只是聚在方隅，老死不相往来的办法；只是‘不可以语冰’的‘夏虫’，井底蛙，磨坊里的驴子之流而已。能够‘知他’，才真有‘自知之明’；正如铁扇公主的扇子一样，要能放才能收呀。所知越多，所接越广，将‘自己’散在天下，渗入事事物物之中看它的大小方圆，看它的轻重疏密，这才可以剖析毫芒地渐渐地认出‘自己’的真面目呀。”[1]中西文化交流，也就是“知他”的意思。“知他”绝不等于把“我”变成“他”。“我”绝然变不成“他”；但“知他”则是绝对必要的。

这是说一般地“知”，也包括了平常说的吸收别人的有益经验，等等。至于学术问题的交流，譬如哲学，那就复杂得多了。因为“知”已不易，“吸收”就更难了。于此，我觉得有三个层次的交流，是由浅入深的。

首先是“知”。以前不知道，现在知道了，也许能很初步地做些分析，提出些看法。这个层次的交流属于介绍、移译的工作。

第二个层次则有了比较，经过比较见出两种文明的义理分殊，对于两种文明的个性有较深入之发挥，知其然，也知其所以然。这当然比简单地“知”深入得多了。

第三个层次则由于悟及钱锺书先生所说“东海西海，

① 朱自清：《你我》，生活·读书·新知三联书店1984年版，第9—10页。

心理攸同；南学北学，道术未裂”之境界，而在深层次的哲理中打通。

第一层次须学“涉”中西；第二层次则非学“贯”中西莫办，第三层次则非“融通”中西不可得矣。易治此道最难的、也是最忌讳的，便是牵强附会。而这，即使是大学问家也难以完全避免。

钱锺书先生盛赞王国维先生习西方哲学，说他“弁冕时辈”，但也指出他之以叔本华释《红楼梦》为“强合”：“王氏附会叔本华以阐释《红楼梦》，不免做法自弊也。盖自叔本华哲学言之，《红楼梦》未能穷理窟而抉道根；而自《红楼梦》小说言之，叔本华空扫万象，厄归一律，尝滴水知大海味，而不屑观海之澜。夫《红楼梦》、佳著也，叔本华哲学、玄谛也；利导则两美可以相得，强合则两贤必至相厄。此非仅《红楼梦》与叔本华哲学为然也。”[①]

大哉其言，治中西交流之学者能不慎欤？

1991年7月15日识

（出自《陈乐民集》）

① 钱锺书：《谈艺录》，中华书局1984年版，第351页。

明清之际天主教耶稣会在华活动的“三起三落”

明清之际天主教耶稣会在中国的活动，一般以利玛窦于明万历年间东来为始，至清康熙晚年禁教止，凡一百余年。在这期间，天主教耶稣会会士虽然目的是为了传教，但也起了中西文化沟通的作用，实际上是“西学东渐”的开始，当然中国的经籍也经过传教士传入了西方。他们的活动经历了“三起三落”，其间多与当时的政治背景有密切联系。

一起、一落

利玛窦东来之前，早有葡萄牙、西班牙人恃海上之利东来，是为了经商，没有文化传播可言。先于利氏来华的耶稣会会士固已有罗明坚等人，然而开其风的仍应推利玛窦。

当代中国天主教史学家方豪说：“明末天主教传入我国

后，急急以文字为布道之具。盖当时东来教士多隶耶稣会，耶稣会素重学术传教，而尤好与士大夫游，于是书册尚焉。”[①]

利氏以16世纪末来华，在广东肇庆等地住了二十年，潜心学习汉语，攻《四书》《五经》，服汉儒衣冠，世称“西儒”。他的用意在于这样较易接近中国的知识分子，以中国经典要旨与天主教义相比附，以示东西相通。后来他写的《天主实义》一书，多处征引中国古籍，认为，“历观古书，而知上帝与天主，特异以名也”。

利氏此来，随身带来许多东西，其中一部分是送呈皇帝的贡物。一类是传教用的天主像、《圣经》、十字架等；一类是《万国图志》等书籍；再一类是自鸣钟、铁弦琴等杂物。利氏结识了不少士大夫，并授以几何、天文、物理等学，晓以天主教义。

稍后于利氏来华的传教士，比较著名的有意大利人龙华民、高一志、熊三拔、艾儒略，西班牙人庞迪我，法国人金尼阁等。他们对西方文明的输入都是有贡献的。据记载，金尼阁1618年再度来华时，与葡萄牙传教士傅泛际带来装帧精美的图书七千多部，但由于道路阻隔，带到内地的不过十之一二。这

---

① 《明季西书七千部流入中国考》，《方豪文录》，北平上智编译馆1948年版，第1页。

些书，除天主教宣传外，不少是介绍西欧哲学和科学的。如第一部译为汉文的《远西奇器图说》就是一本物理学的书。

受业于利氏、并加入了天主教的李之藻说：“时则有利公玛窦，浮槎九万之程，继又有金公尼阁，载书逾万部之富。乾坤阐其灵秘，光岳焕彼精英。将进阙庭，鼓吹圣教，文明之盛，盖千古未有者。”①

耶稣会会士的活动，在明朝上层社会中引起了两种不同的反应。

一是表示欢迎。《明史·意大里亚传》：“……帝嘉其远来，假馆授粲，给赐优厚。公卿以下，重其人，咸与晋接，玛窦安之，遂留居不去。”

“公卿”中支持最有力的自然是徐光启、李之藻和杨廷筠三人。史家称他们是当时天主教在中国的“三大柱石”。他们都折服于利氏的德才，加入了天主教，合作译书，互相引为知音。徐光启推崇利氏等讲的道理“诚信于士大夫”，“其教必可以补儒易佛”②；其物理、数学“皆返本跖实，绝去一切虚玄幻妄之说”，“比于汉唐之世十百倍之，因而造席请

---

① 《方豪文录》，第3页。

② 《徐光启集》，上海古籍出版社1984年版，第66页。

益。”[①]杨廷筠则说：“其学有次第，其入有深浅，最初有文学，次有穷理之学，名曰费琭所斐亚（哲学），其书不知几千百种也……”[②]

李贽与利玛窦只见过几面，他不像徐光启等人倾心于天主教，但对利氏印象甚好，觉得他深明礼义，“是极标致人也”，甚至说：“我所见人未有其比，非过亢则过谄，非露聪明则太闷闷瞶瞶者，皆让之矣。”只是“毕竟不知到此何干也。”[③]

二是部分士大夫，特别是礼部官员表示非议和反对。《明史》载，礼部曾上疏，说利氏带来的贡物都没有经过礼部的“译验”，是通过“内臣混进”的，现免予查究，但仍应援对待“诸番朝贡”的旧例，“赐冠带回国，勿令潜居两京”。同时还有些士大夫上疏，斥之为“夷奸、夷种”。这实际上是“南京教案”的伏笔。当时，传教士的活动还受到佛教徒和回教徒的抵制。因为利氏近儒拒佛，认为佛家语不能与天主教义相容。

1616年，礼部侍郎沈潅先后上三疏，请灭天主教，他还与礼部尚书兼东阁大学士方从哲在阉党头目魏忠贤的支持下先从

---

① 《徐光启集》，第80页。

② 《方豪文录》，第2页。

③ 《续焚书》，[明]李贽著，中华书局1975年版，第35页。

南京动手，派人包围了南京教堂，掀起“南京教案”。同年十二月，皇帝谕旨，把南京、北京两地的传教士押解出境，留下来的则潜居别处。迫害传教士的“南京教案”一直延续到1621年沈漼被罢官。

“南京教案”与魏忠贤把持朝政、镇压东林党是同时发生的。徐光启等并不是东林党人，其作风亦非东林一类，但都曾在东林书院讲过学。东林党受压时，他们也都被革职。阉党失势，支持东林党的叶向高出任宰相，“南京教案”也就平息下来了。

二起、二落

“南京教案”平息后，耶稣会传教士又活跃起来。崇祯皇帝除掉了魏忠贤，被革大臣纷纷复职，徐光启则先后任礼部左侍郎、尚书兼翰林院学士，死前且晋升为宰相。徐光启复职后立即重用传教士，加强军备以御清兵，编修历法以测天象。在他主持的“历局”里，聘请了意大利教士龙华民、德国教士邓玉函参加工作。邓玉函死后又延聘德国教士汤若望入局。传教士在“历局”的工作得到了崇祯皇帝的嘉奖，御题“钦褒天学”匾额。从此传教士掌修历工作达一百四十余年。

1644年，清摄政王多尔衮率清军入关，开始曾一度有驱逐汉人和耶稣会会士之意。汤若望遂上疏，说天主堂修饬不易，教化有功；修历各项仪器搬迁城外难免受损，请恩准他和龙华民等仍居原处。汤若望的要求很快便获准了。

那时，多尔衮刚刚入京也需要颁修历法，说："治历明时，帝王所重。今用新法正历，以敬迓天体，宜名'时宪历'，用称朝廷宪天义民之至意。自顺治二年始，即用新历颁行天下。"[①]就这样，汤若望继续留了下来，被封为"钦天监事"；以后更是官运亨通，于1651年从正五品跃为正三品，1657年晋升为"通政使司通政使"，次年受封"光禄大夫"，一下子成了朝廷一级正品大员。

1653年，清顺治皇帝为表彰他修历有功，赐号"通玄教师"，谕旨说汤"精于象纬，闳通历法"，为清王朝修"时宪历"，很有成就，而且其人"洁身持行，尽心乃事"，所以必须予以褒扬，"俾知天生圣贤，佐佑定历，补数千年之阙略，成一代之鸿书，非偶然也。"[②]并且为"时宪历"题"依西洋新法"几个字。这篇通谕制为一方精致辉煌的木匾挂在北京耶

① 《清史稿》三十三，中华书局，第10020页。

② 同上。

稣会大厅里。四年后，顺治又下令在北京天主教堂立碑，镌以类似内容的碑文。

至此，汤若望受到的殊荣已大大超过利玛窦，这当然是十分有利于提高耶稣会在中国的声望和地位的。

汤若望等人的修历工作和耶稣会的活动受到了以杨光先为代表的清朝旧臣的反对。杨光先是个“守旧派”，主张实行传统的“回回历”，斥汤说为谬。他于1659年就曾上疏弹劾汤若望，写了《辟邪篇》《摘谬篇》攻击汤妄言惑众。次年又控告汤所造“时宪历”是“暗窃正朔之权以予西洋，明示天下以大清奉西洋正朔”，论律当斩。他对传教士带来的“地圆说”也持异议，而反对的理由简直顽固而又可笑。他说：“若然则四大部州万国之山河大地，总是一大圆球矣……所以球上国土之人脚心与球下国土之人脚心相对……竟不思在下之国土人之倒悬……有识者以理推之，不觉喷饭满案矣。夫人顶天立地，未闻有横立倒立之人也。”[①]于今读之，反是杨光先令识者“喷饭满案”了。

在政治上，他追随权倾一时的辅政大臣鳌拜。杨光先在康熙初年制造反汤若望的“历狱”，便是借重鳌拜的权势以

① 《不得已》，清杨光先著，故宫博物院藏本，卷下。

行的。

1661年，康熙皇帝继位，年仅七岁，由四位辅政大臣执政，鳌拜利用皇帝年幼擅权专制，杨光先因此得势。他提出耶稣会会士犯有潜谋造反、邪说惑众、历法荒谬等三罪。在鳌拜的操纵下，礼、吏二部会鞫，议政王定谳：罢了汤若望的官，以年迈免死；与汤合作的比利时人南怀仁、意大利人利类思、葡萄牙人安文思等各挨了一百下棍子，被驱逐出境；“历局”属官多人被处死刑。这便是杨光先掀起的所谓“历狱”案。时康熙五年（1666）。于是杨光先亲自主持钦天监，同党吴明烜为监副，完全恢复旧历法。耶稣会的传教活动因而受到沉重打击，几年中一蹶不振。

三起、三落

1668年，康熙皇帝十四岁，亲临朝政，决定复查汤若望等受害案。南怀仁疏奏吴明烜在预测天象的种种舛误。于是，由大学士图海主持，南怀仁、吴明烜同到观象台测验立春、雨水两节气以及正午日影所止之处。结果，南怀仁测得样样都对，而吴明烜样样都不对。第二年，鳌拜擅杀大臣事发，被捕入狱；同时，杨光先也被革职。汤若望完全恢复了名誉，但不久即病死，他的工作由南怀仁接了过来，南擢为钦天监监副，后升为监正。其他教士都陆续返回本堂，皇帝题赠“奉旨归堂”四字。纵观杨光先制造“历狱”案的七八年，都与鳌拜的浮沉有关。“历狱”的失败与这场政治斗争的结局是分不开的。

然而，这一事件的另一意义却在于由此激发出耶稣会活动的更广泛的传播。

杨光先事败后，重被启用的南怀仁为了推动天主教布道事业，以耶稣会中国省区会长名义，在北京发出《告全欧洲耶稣会士书》，呼吁广派传教士来华。法国国王路易十四应请派出了六名法国教士。他们于1687年7月经近两年航程抵宁波。除一人中途死亡，其余五人沿运河北上，第二年2月抵京。康熙皇帝很快召见了他们，其中的张诚和白晋被封为“御前侍讲”，给皇帝讲授几何学、测量学、解剖学、医学，宫中设化学实验室。张诚还多次随皇帝巡视蒙古等地，与葡籍教士徐日升一起被任为《中俄尼布楚条约》谈判的翻译。

这次以法国教士为主的西欧教士来华，造成了天主教在华布道的高潮。南怀仁1688年在北京去世，皇帝赐谥“勤敏”，并赐碑文，以彰其修历、铸炮二事的功绩。其后，康熙皇帝于1692年3月敕准天主教自由传教，赐地修盖北京天主堂北堂，御题“万有真原”匾额，并书楹联：“无始无终，先作形声真主宰；宣仁宣义，聿昭拯济大权衡。”在康熙皇帝的鼓励下，耶稣会的布道事业进行得十分顺利。

这一时期中西文化之交的规模，亦为利玛窦、汤若望时期所未有。重要的是，康熙皇帝“虚己励学”，亲自提倡。同时，传教士移译和研究中国经典之风大炽，皇帝也过问这件事，屡屡垂问白晋等研究《易经》的情况。如今，巴黎国家图书馆、梵蒂冈图书馆等一直藏有彼时法国及其他教士用拉丁文翻译的中国古籍。应该说法国古汉学在西方国家中历史较悠久，造诣也较深，与此有关。莱布尼茨、伏尔泰等对中国历史和典章制度等的了解也多得力于这些传教士的著述和通信。

然而，自利玛窦东来之日起，天主教内对于耶稣会士在华布道的方式一直存在着两种截然不同的意见，以至两派的尖锐对立严重影响了耶稣会的活动。

一种是在华的多数传教士的看法。他们认为，中国文明历史悠久，源远流长，在这样的国家传播一种本地人完全陌生的新教义，必须适应本地的情况，尤其需要士大夫的同情和支持。为此，他们皆学着利玛窦的样子，下功夫学中国话，钻研儒家经典，以之释天主之义。至于中国旧俗敬礼祖宗、奉祀鬼神，虽与教义相悖，也宜容忍，可以听任中国教徒保留这些风俗礼仪。利玛窦在中国实行这些传教政策，全是为了传教的便利，是出自策略考虑。利氏1604年给耶稣会会长的信可证：

> ……我认为在这本书（《天主实义》）里，最好不要抨击他们所说的东西，而是把它说成同上帝的概念相一致。这样，我们就可以按照我们的概念去解释中国人的意思，而不必依着他们的观念。同时，为了不冒犯统治着中国的士大夫，我们宁可对各种解释提出问题，而不要针对原理（太极）本身。而如果到头来，他们终于把太极解释为基本的、智力的和无限的物质原理，那么我们也就认同说这正是上帝。①

这该是利玛窦的真心话。利玛窦的继承人龙华民不赞成利氏的做法，他根据熊三拔写的批评中国宗教的“备忘录”草拟了一份题为“关于中国宗教的若干问题”的文件。当时未公开，首次发表是在1701年，这时利玛窦已去世，关于中国礼仪之争已在教会内十分激烈地进行着。罗马教廷是反对利玛窦这一派的意见的。

17世纪末，罗马教廷已介入在华传教士之间的争论。1693

---

① 转引自《中国和基督教的冲击——一种文化的冲突》，[法]谢和耐著，第27页。信原件存罗马Casanatense图书馆，手稿第2136号。

年3月，“巴黎外方传教会”的颜珰主教奉教廷之命在福建教区发出严禁教徒行中国传统礼仪的“禁令”。在华传教士徐日升、张诚等四神甫觐见康熙皇帝，陈述反对颜珰“禁令”的意见，第一次把争论提到康熙皇帝面前，颜珰的“禁令”因而没有实行。

当时受法国国王路易十四派来的传教士都十分受到康熙的重用，他们给康熙讲几何、代数，康熙则亲自过问，让他们读《周易》。中西文化的交流在清廷内，在皇帝和传教士之间展开了。凡此种种，都使得传教士们对康熙皇帝衷心折服，目之为开明天子。法国传教士李明在《中国现状新录》（*Nouveaux memoires sur l' etat present de la Chine*）中写道：

> ……我们不能不赞服这位皇帝，他生在偶像崇拜之中，从孩提时代就被灌输了民间的谬误，而且是在迷信中长大的，但是正是他本人穿透了这层层的暗障；在那么多包围着他的错误的宗教当中，他辨别出了圣洁和我们的真理。
>
> 他经常表彰（传教）；以贡物丰富我们的祭坛；他在我们所礼拜的神祇前下跪；他最近还向他的臣民下达圣谕，他们可以有公开拥戴耶稣基督的充分自由；他不考虑政治

和世俗箴言，并为自己的臣民做出了榜样。[①]

李明还直接为中国传统礼仪辩护，说并不妨碍天主教义的传播。他对于中国的情况，综合了六条看法：

一、中国早在耶稣基督诞生两千年以前就已对真正的神有了认识；

二、中国已有在最古老的宇宙殿堂里供奉牺牲的传统；

三、中国礼赞神祇的方式甚至可为基督徒仿效；

四、中国奉行的伦理与宗教同样纯洁；

五、中国具有信念、谦恭、司祭、礼拜、神的观念、仁慈之心等宗教精神；

六、在所有世界各国中，中国是最经久地受到神的圣宠的。[②]

李明笔下的康熙皇帝和中国当然都是经过他加了工的，但是也从一个侧面反映了康熙盛世和康熙皇帝本人对天主教宽容的政策和态度对这些传教士产生了多么大的影响。

主要是由于这些法国传教士的“宣传”，康熙皇帝作

① 转引自《中国的欧洲》，I，[法]艾坚伯著，第292页。

② 见前引书，第302页。

为“开明君主”的形象在西欧许多前启蒙时期的思想家的心目中树立起来了。

李明的这份文件是写给路易十四的报告，本意可能是迎合法国国王向遥远的东方派遣传教士的初衷，然而结果却引来了教廷的谴责。

关于中国礼仪之争至1700年在法国教会内达到很尖锐的程度。这一年，在巴黎大学的大礼堂里展开了长达几个月的辩论，李明等人的主张受到了谴责。李明的六条意见被指为渎神的、异端的、反基督的。

这场辩论是在曼德农侯爵夫人襄助下进行的。这位夫人出身于加尔文教派家庭，长大后皈依天主教派。她在丈夫、诗人斯卡隆死后，当了路易十四及其情妇孟戴斯潘夫人的私生子女的家庭教师。王后玛丽·苔蕾丝1668年去世，路易十四同她结了婚。由于她出身平民，始终没有立为王后，而被封为曼德农侯爵夫人。据说，她对路易十四影响很大，特别是在宗教方面。据1916年发表的一份《一位参加巴黎大学辩论的博士的日记》披露，仲裁辩论的标准并不是哲学的推理，也不是真理的界定，而是统治者的好恶。“当某个君主属意于本国的宗教，则凡能中他的意的意见就都是最好的和最神圣的。诚然，在这类意见中不妨有圣洁之见，但这并不是被采纳的原因，而是由于深得君心。”所以，辩论的结局可想而知，李明则因此受到惩罚。[1]

1704年11月20日，罗马教皇克莱门十一世通谕禁止教徒奉行中国礼仪，并且禁止教徒使用中国古书中的“天”和“上帝”的概念。同时派遣多罗主教来中国说服在华传教士。罗马教廷的“禁谕”规定：

一、西洋地方称呼天地万物之主用“斗斯”（拉丁文 Deus 的译音）二字，此二字在中国用不成话，所以在中国之西洋人，并入天主教之人方用“天主”二字，已经日久。从今以后，总不许用“天”字，亦不许用“上帝”字眼，只称呼“天地万物之主”。如“敬天”二字之匾，若未悬挂，即不必悬挂。若已曾悬挂在天主堂内，即取下来，不许悬挂。

二、春秋二季，祭孔子并祭祖宗之大礼，凡入教之人，不许做主祭、助祭之事，连入教之人，亦不许在此处站立，因为此与异端相同。

三、凡入天主教之官员或进士、举人、生员等，于每月初一日、十五日，不许入孔子庙行礼。或有新上任之官，

① 转引自《中国的欧洲》，I，[法]艾坚伯著，第302—303页。

并新得进士，新得举人、生员者，亦俱不许入孔子庙行礼。

四、凡入天主教之人，不许入祠堂行一切之礼。

五、凡入天主教之人，或在家里，或在坟上，或逢吊丧之事，俱不许行礼。或本教与别教之人，若相会时，亦不许行此礼。因为这是异端之事。再，入天主教之人，或说“我并不曾行异端之事”，“我不过要报本的意思”，“我不求福，亦不求免祸”。虽有如此说话者亦不可。

六、凡遇别教之人行此礼之时，入天主教之人若要讲究，恐生是非，只好在旁边站立，还使得。

七、凡入天主教之人，不许依中国规矩留牌位在家，因有“灵位”“神主”等字眼，文指牌位上边说有灵魂。要立牌位，只许写亡人名字。再，牌位作法，若无异端之事，如此留在家里可也，但牌位旁边应写天主教孝敬父母之道理。[①]

当时康熙皇帝对传教士的态度，可见诸1706年的谕旨：

---

① 故宫博物院编：《康熙与罗马使节关系文书》，以下有关引文均出此，不另注。起草时参考了张星烺著《欧化东渐史》、江文汉著《明清间在华的天主教耶稣会会士》和张力、刘鉴唐著《中国教案史》等。

前日曾有上谕，多罗好了，陛见之际再谕。今闻多罗言“我未必等得皇上回来”话，朕甚怜悯，所以将欲下之旨晓谕。朕所欲发旨意者，近日自西洋所来者甚杂，亦有行道者，亦有白人借名为行道，难以分辨是非。如今尔来之际，若不定一规矩，惟恐后来惹出是非，也觉得教化王处有关系，只得将定例先明白晓谕，命后来之人谨守法度、不能稍违方好。以后凡自西洋来者，再不回去之人，许他们内地居住，若今年来明年去的人，不可叫他们居住。此等人譬如立于大门之前，论人屋内之事，众人何以服之，况且多事。更有做生意站买卖的人，益不可留住。凡各国各会，皆以敬天主者，何得论彼此，一概同居同住，则永无争竞矣。

这时康熙已经感到有些问题不是很简单，主要是觉得西洋人来的多了，需要有个加以区别的政策，但未涉及天主教内关于中国礼仪之争，对于西人传教，康熙还是容忍的。可能此时康熙还不知道争论的情况，也不知有罗马教皇的“禁谕”。及至知道了这些事情，康熙的态度就明朗起来。康熙1707年3月17日颁旨如下：

自今而后，若不遵利玛窦的规矩，断不准在中国住，必逐回去。若教化王因此不准尔等传教，尔等既是出家人，就在中国住着修道，教化王若再怪你们遵利玛窦、不依教化王的话，叫你们回西洋，朕不叫你们回去。倘教化王听了多罗的话，说你们不遵教化王的话，得罪天主，必定叫你们回去，那时朕自然有话说。说你们在中国年久，服中国水土，就如中国人一样，必不肯打发回去。教化王若说你们有罪，必定叫你们回去，朕带信与他说，徐日升等在中国服朕水土，出力年久，你必定叫他们回去，朕断不肯将他们活打发回去，将西洋人等头割回去。朕如此带信去，尔教化王万一再说尔等得罪天主，杀了罢，朕就将中国所有西洋人等都查出来，尽行将头带与西洋去。设是如此，你们的教化王也就成了个教化王了。

康熙的态度已与罗马教廷针锋相对。在这之前，由于多罗于1月15日把罗马教皇的“禁谕”在南京宣布，康熙就已经下令把他押解澳门，后囚禁而死。但是对于一般的传教士，康熙仍取宽容和支持的政策，并依其表现区别对待。如1719年给传教士利安国的谕旨说：

……尔众西洋人内,如仍以前次各出己见,乱寄书信者,即系乱法之人,在中国亦无用处,除会技艺的人留用外,余众西洋人务必逐回,断不姑留。

第二年的另一道谕旨,把康熙的观点讲得愈加明确:

……自利玛窦到中国二百余年,并无贪淫邪乱,无非修道,平安无事,未犯中国法度。自西洋航海九万里之遥者,为情愿效力。朕用轸念远人,俯垂矜恤,以示中华帝王不分内外,使尔等各献其长,出入禁廷,曲赐优容致意。尔等所行之教与中国毫无损益,即尔等去留也无关涉。

1720年,罗马教皇为了贯彻"禁谕",又派嘉乐主教为特使来华。在他到达北京之前康熙于十一月十八日在乾清宫西暖阁召见了苏霖等在华传教士十八人,康熙讲了下面的话:

因自多罗来时误听教下阎当(即前文的颜珰)的不通文理、妄诞议论,若本人略通文章道理,亦为可恕。伊不但不知文理,即目不识丁。那么,他如何轻论中国礼仪之是非?即如以天为物、不可敬天。譬如上表谢恩,必称皇帝陛下、阶下等语；又如过御座无不趋跄起敬，总是敬君之心，随处皆然。若以陛下为阶下，座位为工匠所造，怠忽可乎？中国敬天亦是此意。若依阎当之论，必当呼天主之名方是为敬，甚悖于中国敬天之意。据尔众西洋人修道，起意原以为灵魂归依天主，所以苦持终身，为灵魂永远之事。

中国供神主，乃是人子思念父母养育。譬幼雏物类，其母若殒，亦必呼号数日者，思其亲也。况人为万物之灵，自然诚动于中形于外也。即尔等修道之人，倘父母有变，亦自哀恸，倘置之不问，即不如物类矣。又何足与较量中国！

敬孔子乎？圣人以五常百行之大道，君臣父子之大伦，此至圣先师之所以应尊敬也。尔西洋亦有圣人，因其行为可法，所以敬重。多罗、阎当等知识扁浅，何足言天？何知尊圣！？

康熙对罗马教皇“禁谕”的批驳，是很讲道理的，也是心平气和的。对于教皇派嘉乐主教来使，康熙对苏霖等人说：

今尔教主，差使臣来京，请安谢恩；倘问及尔等行教之事，尔众人公同答应，中国行教俱遵利玛窦规矩，皇上深知，历有年所。况尔今来上表，请皇上安，谢皇上爱养西人之重恩，并无别事；汝若有言，汝当启奏皇上，我等不能应对。尔等不可各出己见，妄自答应，又致紊乱是非。各宜凛遵，为此特谕。

康熙此次召见苏霖等传教士，一是交代政策，廓清是非；二是要苏霖等见到嘉乐时统一对应的口径，不得随意表态。

十一月二十五日，嘉乐携重申之教皇“禁谕”抵京。“禁谕”略谓：“自今以后，凡西洋人在中国传教，或再有往中国去传教者，必须于未传教之先，在天主台前发誓，议守此禁止条约之礼，随后即将发誓之音信寄到罗玛（马）府来。”康熙在十二月十七日召见了嘉乐及随行人员，指出，“供牌位原不起自孔子，此皆后人尊敬之意，并无异端之说。呼天为上帝，即如称朕为万岁，称朕为皇上。称呼虽异，敬君之心则一”。康熙并在罗马教皇“禁谕”后面朱批如下：

览此告示，只可说得西洋人等小人，如何言得中国之大理。况西洋人等，无一人通汉书者，说言议论，令人可笑者多。今见来臣告示，竟与和尚道士小教相同。彼之乱言者，莫过如此。以后不必西洋人在中国行教，禁之可也，免得多事。

后来嘉乐主教虽曾提出妥协方案，如允许教徒祭祖等，但康熙主意已定，已不可挽回了。

显然，康熙对于天主教内的争吵，以前并不清楚，闹到很尖锐的时候他才知道，本还想调停折中一下，但罗马教廷毫无妥协之意，其蛮横傲慢之状终使康熙皇帝发出了禁教令。禁教令出自康熙，正式禁教却始于雍正，因为康熙皇帝不久就于1722年去世了。1724年，雍正皇帝御制圣谕中的“黜异端以崇正学”一条这样说：“如西洋教宗天主，亦属不经，因其人通晓历数，故国家用之，尔等不可不知。”还说：“中国有中国之教，西洋有西洋之教，西教之教，不必行于中国，亦如中国之教，岂能行于西洋？”[①]

于是，各地天主教堂或拆毁，或改作他用，但“历局”内的传教士照常工作。天主教活动直到1860年的一百多年当中，都是被禁止的。史称“百年禁教”。

对于这次禁教，有的西方人指责康熙出尔反尔，这是不公允的。因为起因是传教士与教廷之间发生争论，而后罗马教廷干涉了中国教徒的事务。康熙是被迫禁教的。应该说康熙此举

① 《中西交通史》，方豪著，岳麓书社1987年重印，第1026页。

是为了维护中国的尊严。这与明末沈漼、清初杨光先掀起的两次教案，性质上是不同的。当然禁教后使中西之间又回到封闭的状态，至少大大减少了交流的机会。所以历史总是复杂的，一个时期的是非，超越了这个时期之外又会带来人们预期不到的影响，这都是不以人们的意志为转移的。对于所谓礼仪之争，同情中国的伏尔泰是这样评论的："前来帝国传教布道的外国人之间的分裂不和，使他们传布的宗教名誉扫地。满清朝廷对欧洲人注意了解之后，得知不仅传教士内部四分五裂，而且在广州登岸的外国商人也分成派别，彼此不共戴天。在这种情况下，基督教就更加被人贬低。"[①]伏尔泰甚至认为，虽然耶稣会传教士是被中国皇帝赶走的，但，"那并不是因为他（康熙皇帝）不宽容，恰恰相反，倒是因为耶稣会会士们不宽容"。[②]显然，这里的"耶稣会会士"指的是反对利玛窦的耶稣会会士。

① 《路易十四时代》，[法]伏尔泰著，吴模信等译，商务印书馆1982年版，第600页。

② 《宽容篇》，[法]伏尔泰著，第51页，Voltaire，*Trait sur la Tol rance*，GF Flammarion，Paris，1989.

结束语

耶稣会本是宗教改革后教廷为与新教争夺影响的产物，在政治倾向上是保守的。但是受命东来的传教士在中国的作为却不为教廷所容，因此不应把他们与罗马教廷等同。这些教士都是知识分子，为利于传教，多以传播西方的科学、哲学为先导，他们在中国结交的人当中也多属士大夫阶层，是知识分子，因而使封闭的中国得以接触欧洲文艺复兴早期的科学文化，播下了现代文明的种子。虽因种种原因，这些种子没有发芽成长，但是传教士的传播作用是不可抹杀的。同时这些教士深通中国经典和社会风俗，向西方介绍了不少中国的历史、文化、政治、经济情况。因此明清之际耶稣会会士在华传教活动，虽经“三起、三落”，但在中西文化之交的历史上诚为十分重要的一章。他们留下的大量著述，涉及宗教、哲学、天文、地理、物理、数学等广泛领域，都应视为东西交通的弥足珍贵的见证。

（出自《文心文事》）

汤若望

晚明清初两次“教案”都反映了中国人的“排外”心理，政治上表现为闭关锁国政策。这两次“教案”与中国当时的政治气候的关联至为密切。

明万历时的“南京教案”的主持者南京礼部侍郎沈漼，背后是阉党。清康熙皇帝冲龄践位，针对当时耶稣会会士和教徒的“历狱”，发起者是钦天监吴明煊、杨光先，特别是杨光先，他们的背后是辅政大臣鳌拜。魏忠贤、鳌拜都是炙手可热的政治势力，他们对异己者残酷迫害，见于正史、稗史上的记载车载斗量。其中也包括了对耶稣会会士等外国人的排斥和镇压。

镇压外国教士的理由是很多的：

首先是天朝大国心态，对异邦异国的人首先是带着“非我族类，其心必异”的原则来对待的。因此基本态度必是防范的。

第二是属于意识形态上的理由。哲学思想是两股道上的车。《四库全书提要》对庞迪我的《七克》的评价很有代表性。其中说："其言出于儒墨之间，就所论之一事言之，不为无理，而皆归本敬事天主以求福，则其谬在宗旨，不在词说也。"关键是"谬在宗旨"四个字。虽然徐光启、杨廷筠等以及"西儒"利玛窦等竭力在"六经之儒"与天主教义中求同，而把道释两家划开，但"谬在宗旨"之义仍是当时中国正统观念的代表。晚明的崇祯皇帝和南明小朝廷曾动摇于佛、耶之间，一时间颇有要皈依天主教的趋势；但那时的亡国之君都有些"信仰危机"，是没有了"主心骨"的表现。传教活动得以在"南京教案"之后有一个中兴的局面，原因盖出于此。

至于清顺治时期对汤若望等人之荣宠有加，则是出自实用主义的用心。顺治皇帝觉得汤若望等人有技术知识，他们的先进的天文学知识对日月食等天象的预测，比中国旧法准确，而天象变幻每每被视为卜祥瑞、问吉凶的征候，事关朝廷兴衰。这是汤若望等受到重视的原因。康熙早年，汤若望因"历狱"被拘之所以得到开释，原因也是因为那一年连续发生了几次地震，朝廷因而又想到了这些有科技知识的传教士。时康熙皇帝年幼，他的祖母皇太后了解汤若望等人的学识，所以便在镇压了鳌拜集团后开释了汤若望，并让他主掌钦天监，这是康熙亲政后做的一件大事，清除了这帮心怀叵测的“辅臣”。汤若望于此时平反，也是这场政治斗争的一个反映。康熙从此很看重传教士的“一技之长”，法国传教士都受到了好的待遇。这说明康熙没有因哲学思想的歧异而错待这些西洋人。这种状况一直延续到康熙晚年因天主教廷挑起中国的“礼仪之争”而驱逐传教士时为止。

第三是西方传教士中不乏行为不端、对老百姓作威作福的人和事，引起中国人的反感和义愤。传教士与中国百姓、信教的与不信教的，发生矛盾冲突的事是常有的。

撇开以上种种政治因素不说，只就利玛窦、汤若望、南怀仁等本人的行为来看，他们的精神是很可佩服和赞许的。他们在开启中西文化交流上，是有功之臣。使当时处于封闭状态的中国多少了解到一些外界的事情，事实上，“西学东渐”该当从他们算起。当然这种“西学东渐”必有资本主义向外扩张的时代背景是无可怀疑的。他们带进来的科学技术知识，对旧中国也是很有些用处的。

汤若望，生于1591年。四百年祭时，德国举行了纪念会。中国没有人参加。可能因为传教士是“殖民主义的产物”，是来宣扬天主教的。历史地看问题，实事求是地看问题，我们的“容忍度”应该大些。德国朋友问我，何以中国无人应邀与会，我只能说我不知道。

1992年2月26日

（出自《书巢漫笔》）

方圆难周

东西历史文化之别，每每表现在一些基本观念上的风马牛不相及，因而枘凿难入、方圆难周。

利玛窦到中国来，用了20年的工夫学中国话、念中国书，后来得了一个“西儒”的美称。“西儒”，用现在词儿说即“汉学家”。他的一大发现，就是中国古书中“上帝”一词，同西教中的“天主”本是一回事，只是“特异以名也”。这一点，很快就被他的接班人龙华民给推翻了。其实，中国也有“天主”之称。

按《史记·封禅书》，秦始皇东游海上，行礼祠名山大川及八神。八神第一神曰天主，“祠天齐。天齐渊水，居临菑南郊山下者”。以下七神依次为地主、岳主、阴主、阳主、月主、日主、四时主。据解道彪《齐记》：“临菑城南有天齐泉，五泉并出，有异于常，言为天之腹齐也。”清人徐昂发，康熙年间人，《畏垒笔记》竟以为“西洋所奉即此神也”，可见他对西教还是很陌生的。

另，利玛窦等当然无法知道，God后来也通译为“上帝”。然而，此“上帝”也根本不是《诗经·周颂》里“执竞武王，无竞维烈，不显成康，上帝是皇”的那个“上帝”了。

中国的有些概念，西方人确实没法子弄懂。例如，对于中国的“天”这个概念，西洋人自己跟自己就争个没完，龙华民说，中国的“天”是物质的，它不吃、不喝、不能感知、不会恨、不会爱、没有理性、没有思想。莱布尼茨说，中国人的“天”，就是“理”，它具有西教“上帝”的属性，所以不能把它简单地理解为物质的。一个要在中西文化间“立异”，另一个想方设法地“求同”。龙华民不知从谁那里听到的，说《论语》上说过，“理”（“礼”，反正都是Li）就是“道”，而“道是无法认识人的，人却可以认识道”。龙华民从“天”跳到了“道”。莱布尼茨觉得这里有个疙瘩，说一定是翻译上出了毛病。后来有注家猜想，龙华民指的可能是《论语·卫灵公》里的两句话：“人能弘道，非道弘人。”这真叫不知所云了。龙华民和莱布尼茨不在同一时期，也没法子当面理论。问题是他们谁也不可能悟解“天”的含义。看到“天之所覆，地之所载，日月所照，霜露所坠”，便说“天”是物。看到“获罪于天，无所祷也”，该怎么办呢？那时的传教士们要么说“天”是物质，要么说“天”是精神。莱布尼茨高出龙华民一筹的，恰在于他有些辩证法，认为中国哲学中这些概念，既是宇宙生成论的概念，又是伦理道德原则中的概念。（参见《关于中国人的自然神学的通信》）莱布尼茨已经碰到天道、人道之说的边缘了。不过离开懂得“为天地立心，为生民立命”，还远得很呢。

还有一个“气”。龙华民和莱布尼茨一样，都认为“气”是物质的，朱夫子也明言“气者，器也”。用不着中国式的理论思维，一看即可解。但是也有问题。当公孙丑问起孟老夫子“何谓浩然之气”时，博学如孟老夫子者也慨然叹曰：“难言也。其为气也，至大至刚，以直养而无害则塞于天地之间……”善养“浩然之气”的人都“难言也”，遑论把物、心分得一清二楚的洋人。

莱布尼茨最看重《易经》，当然他不可能知道关于易、传各式各样的，有时甚至是矛盾的说法。他对于《易经》的知识全部来自康熙年间清宫里的法国传教士白晋。这个白晋在宫廷里教康熙学代数，康熙让他学《易》。这也算是“文化交流”吧。当时奉圣谕学《易》的传教士除白晋外还有傅圣泽。他们似乎学得很认真，还做笔记，题名《易经稿》，作为“恭呈御览”的作业。

据史料，康熙对于白晋等学《易》抓得很紧。

按：康熙四十九年（公元1710年）七月初五日，康熙向主管西士事务的王道化了解西士学《易》情况：

> 上问：“白晋所释《易经》如何了？钦此！”王道化回奏：“今现在解算法统宗之攒九图、聚六图等因具奏。”上谕：“朕这几月不曾讲《易经》，无有闲着……白晋释《易经》，必将诸书俱看，方可以考验；若以为不同道，则不看，自出己意敷衍，恐正书不能完。即如邵康节乃深明《易》理者，其所言占验，乃门人所记，非康节本旨；若不即其数之精微以考查，则无所倚，何以为凭据？尔可对白晋说：‘必将古书细心校阅，不可因其不同道则不看。所释之书，何时能定，必当完了才是。’钦此！”

第二天，王道化把同白晋的谈话向康熙做了报告：

> 奉旨问白晋：“尔所学《易经》如何了？钦此！”“臣蒙旨问及，但臣系外国愚儒，不通中国文义，凡中国文章，理微深奥，难以洞彻。况《易经》又系中国书内更为深奥者。

臣等来中国，因不通中国言语，学习汉字文义，欲知中国言语之意。今蒙皇上问及：‘所学《易经》如何了？’臣等愚昧无知，倘圣恩不弃鄙陋，宽假年月，容臣同傅圣泽细加考究；倘有所得，再呈御览，求圣恩教导。谨此奏闻。”

看来白晋读得相当吃力。此外还有两件未记日期的史料记载白晋学《易》的进展：

有旨问臣白晋：“你的《易经》如何？”臣叩首谨奏：臣先所备《易稿》，粗疏浅陋，冒渎皇上御览，蒙圣心弘仁宽容，臣感激无极。臣固日久专于《易经》之数，管见若得其头绪，尽列之于数图，若止臣一人，愚见如此，未敢轻信。傅圣泽虽与臣所见概同，然非我皇上天纵聪明，惟一实握《大易》正学之权，亲加考证，臣所得易数之头绪，不敢当以为是。皇上若不弃鄙陋，教训引导，宽假日期，则臣等二人，同专心预备，敬呈御览。

另一件记事如次：

臣白晋前进呈御览《易学总旨》，即《易经》之内意与天教大有相同，故臣前奉旨初作《易经稿》内有“与天教相关”之语。后傅圣泽一至，即与臣同修前稿，又增几端。臣等会长得知五月内有旨意令在京众西洋人同敬谨商议《易经稿》所引之经书，因寄字与臣二人云：“尔等所备御览书内，凡有关天教处，未进呈之先，当请旨上谕允其先察详悉。”虽臣二人日久曾专究《易》等书奥义，与西土秘传古传相考，故将己所见以作《易稿》，无不合于天教，然不得不遵会长命。俯伏祈请圣旨。

这些史料都是从《方豪文录》中转引的，方豪则是从1941年5月21日桂林《扫荡报·文史地周刊》第十七期阎宗临著《白晋与傅圣泽之学易》以及王重民藏影印史料中节录的。

有两点情况值得留意：第一，白晋学《易》所得最重要之点是“《易经》之内意与天主教大有相同”，这个看法对莱布尼茨产生了直接影响；第二，此时罗马教廷已就所谓中国礼仪问题发动了一场后来导致中国“百年禁教”的所谓“礼仪之争”，白晋等一批传教士因与中国古哲求同被指为有悖于天主教义而受到教廷的谴责。

莱布尼茨不属旧教派，比较超脱，不受教廷教规的约束，因此他赞成白晋对《易经》的看法而又用不着像白晋那样顾虑教廷的纪律。他从白晋那里得知：伏羲的八八六十四卦竟与他的“二进位制”相合；《系辞》里的“在天成象，在地成形”，“日月运行，一寒一暑”等竟与《旧约》里《创世纪》的意思差不多。莱布尼茨一门心思要与中国的先贤古圣求同，说中国早在4500年以前（？）就有了“二进位制”的想法，有了从无到有的朦朦胧胧的创世之义，说明伏羲与原始基督教心理攸同，甚至不排除他就是诺亚的后嗣。这可真又是一个匪夷所思！莱布尼茨的用意全在于要在中国找到基督教的影子，变着法儿硬要在中国经典的瓶子里注进基督教义的汁液。莱布尼茨感到缺憾的是，中国早就有了自然神学的理论，差只差在“神启”这一画龙点睛之笔。

莱布尼茨真是一厢情愿。他这封关于中国自然神学的长信好像没有写完便突然停住了，从文字上看不到他对于《周易》有多少理解，只是半猜谜似的用《易经》表明中国的思想是可以接受西方基督文明的感召的。

常有些人为了证明“西学源于中国”之类的谬说，硬说莱布尼茨是受了《周易》的启示才发明了“二进位制”的。我认为这是曲解了莱布尼茨。莱布尼茨把阴爻训为“零”，把阳爻训为“一”，以与“二进位制”相符。莱氏认为这是不谋而合。莱是数学家，他在同法国传教士的通信中也说过中国数学远落后于欧洲。莱布尼茨怎么能够根据“八卦图”去发明“二进位制”呢？但直到今天，中国还仍有人以此来表明中国文化的高明，以满足一些民族的自尊心。这实在没有什么意思。

1992年3月10日

（出自《书巢漫笔》）

两汉与欧洲之交

两汉与欧洲之交可资记录以存历史渊源者盖为三事：

一、武帝元封三年（公元前108年），大秦国贡花蹄牛。见诸西汉刘歆《西京杂记》。

二、和帝永元九年（公元97年），班超遣掾甘英，抵条支，历安息，临西海以望大秦。

三、桓帝延熹九年（公元166年），大秦王安敦遣使贡象牙、犀角、玳瑁。

以上后两则俱见《汉书》。另，司马迁《史记·大宛列传》记张骞西域之使，凡十数年，而西往途中，一岁之中多者十余，少者五六人，远者八九岁，近者亦数载而返。眼界足迹及于安息、奄蔡、黎靬、条支、身毒等。后安息王亦遣使至，献大鸟卵及黎靬善眩人。黎靬与大秦，名二实一，略谓海西之国。时罗马已及于叙利亚，古希腊在小亚细亚之殖民地悉属罗马帝国，故黎靬、大秦为海西国（罗马帝国）之泛称；亦可能始自拜占庭，不必即为欧土也。张星烺先生以《史记》黎靬人“蹙眉峭鼻，乱发拳鬓”断为欧洲人，似非可凭之据，以之状阿拉伯、北非、西亚，皆然。

然则，张氏如下论断则甚精当：“两汉之世，中国人向西伸张势力，罗马人向东略地。中间有安息之阻隔，以致东西两大文明国，不能有直接之交通，诚不幸事也。中国人望见欧洲一二萤火之光。欧洲人亦于同时得知东方太平洋滨有开化文明大国。两方记载，皆语焉不详，寓言多而事实少。”

“寓言”者，就中国典籍而言，张氏列举志异志怪之书或其他稗史记述，计有西汉刘歆《西京杂记》，东方朔《神异经》《海内十洲记》，东汉郭宪《汉武帝别国洞冥记》，晋张华《博物志》等。另，宋末元初马端临《文献通考》记黎靬幻人形状，录自杜佑《通典》，且班固早有记录，意义不大。又一则后秦姚苌方士王嘉《拾遗记》，记有所谓“背明之国”，张氏训为今之“北极圈”，方士之言本不可信，更为穿凿附会，愈加离题矣。而前引几则，除刘歆言大秦遣使献牛可信外，余抑或凿空，或引申比附，只能表明张骞等西使定当有见闻流传，随风流唾不足为史训也。若据以证海西国即欧洲（张氏断定《十洲记》中之凤麟洲、《博物志》中之“弱水西国”均指今之欧洲），则殊过矣。当时（两汉）对地中海以西究为何，极为渺茫；而西域之东界甚明，故有建郡、筑城、设亭之举，以靖边防。至西界际于何处，汉人不可能有任何观念。

故，两汉与欧洲之交通可确言者极少，不必为之“有枝添叶”也。

1992年8月10日

（出自《书巢漫笔》）

来自伊比利亚半岛的不速之客

16世纪，中国沿海一带经常出现一些中国人从不认识的西方人，他们是马可·波罗以后最早到中国来的欧洲人。这些欧洲人总算找到了真正的印度、日本和中国，然而中国人那时还根本不知道“欧洲”这块地方。但是，中西交通的历史却已从此开始了。当然，无论是中国人，还是欧洲人，都不可能想见他们的这次会面所要产生的历史影响。

我个人认为，比较带有实质性的“中西交通”是从这时开始的，是与西欧进入近代史时期联系在一起的，也是与所谓“地理大发现”的全球性航海事业相伴而来的。这篇文章主要是根据一些中国的历史记录，试图勾勒出泱泱天朝对这些陌生人的不期而至做出的最初反应。

甲　16世纪葡萄牙东航的历史时代背景

葡萄牙比起同在伊比利亚半岛的西班牙来虽然比较小，但是在航海事业上并不落后。

16世纪对于西欧来说，是一个走出中世纪、生产力取得新进步的时代；除此之外，葡萄牙的特殊的地缘政治也是一个不容忽视的因素。葡萄牙地处半岛的西南一隅，被几条大山脉截在那里；东北邻是西欧列强，以西是汪洋的大西洋。它要求生存、求发展，就必须跨出半岛；它所处的地理条件迫使它的航海事业早早地发展起来。同时葡萄牙的航海事业得到罗马教廷的特别支持和鼓励；经历了宗教革命的打击以后，天主教会更急切地把眼光盯住海外，于是，耶稣会凭借它对旧教教旨的“忠诚”和在当时看来是新兴的科技知识，在向海外的殖民扩张中便充当了“先行”角色。历史的、地理的和人文的综合因素，把葡萄牙这个小国家推到了东航的前列。

早在建国以前的几个世纪中，葡萄牙已然经历过罗马帝国的统治和不少异民族的侵扰；阿拉伯人经过北非，既给伊比利亚传来了东方古典文明，也推翻了这里的西哥特人的统治；在这以后，阿拉伯人曾在这里盘踞了相当长一段时期。在公元2

世纪起已接受了早期基督教的葡萄牙人在十字军东征期间自然成为罗马教皇同留在此的穆斯林人作战的“十字军战士”——葡萄牙的基督徒因而也特别觉得自己有参加“圣战”的天职。这也许是葡萄牙受到教廷重视的一个原因。尤其是自从阿丰索一世于1179年被教廷确认为葡王之后，这个国家在政治上与罗马教廷更加分不开了。葡萄牙国王与教皇的关系从来没有像法国与教廷的关系那样紧张，也没有那么多的异端教派。教皇尼古拉斯五世在葡萄牙的航海事业中看到了向非基督教地区传播教义的途径，于是在1454年颁布了如下圣谕：

> 由于我们已经认真讨论过，而且已经考虑到我们早就通过“圣徒训示”赐予阿丰索国王以全部和绝对的权力，因此我准许他进入、征讨和臣服所有仍处于被基督的敌人——撒拉泰人或异教徒——所管辖的土地。有鉴于此，我祝愿阿丰索国王、王子及其所有后继人全权占有前述岛屿、港口和海域；所有忠诚的基督徒在未取得阿丰索国王及其后继人的允诺之前，不得染指他们的主权。在已经取得的领土和即将取得的领土的范围内，凡扩及卡多尔角、农恩角、几内亚海岸以及所有以东的领地，都将永久地属

于阿丰索国王的主权。[1]

15世纪末，教皇亚历山大又为葡萄牙和西班牙的航海探险事业划分了势力范围：西班牙向西，葡萄牙则取得了向东航行的特权。

从此，葡、西两国便凭借当时先进的航海技术和地理之便，先行一步。黑格尔说："在罗马世界，东方和西方的结合首先是通过征服的方式实现的。"[2]葡萄牙人的东航也是这样。从伊比利亚向东发展是不可能取道大陆的，因为中间隔着阿拉伯人、土耳其人对西欧的层层关卡，就像汤因比形容的，即10世纪末，"印度洋确实已经变成了阿拉伯人的内湖"；而奥斯曼帝国则把黑海"变成了鄂图曼的内湖"了。葡萄牙人必须绕过这块"伊斯兰拦路石"对阿拉伯人来一个"反包围"才能进入印度洋。葡萄牙这个国家无论多么小，它的航海家们所做的事情，一旦放在大的历史时代里，就显得十分活跃了。"一眨眼，葡萄牙人就从阿拉伯人手中夺去了印度洋的'海上霸权'。"[3]

---

① Panikkar，*Asia and Western Dominance*，伦敦，1953年，第30—31页。

② 黑格尔：《历史哲学》英译本，第330页。

③ 汤因比：《历史研究》中译本，上海人民出版社，第202页。

这是一项把反对伊斯兰的“圣战”、贸易和掠夺结合在一起的冒险事业。西方史学家把葡萄牙人对阿拉伯人形成的这个“包围圈”称作“葡萄牙帝国”。那其实无非是沿着非洲海岸到印度洋再到太平洋的航线建立起的一个个“据点”。把这些“点”串起来，就为葡萄牙人提供了一条很有价值的航路；于是，他们的触角就伸向了包括印度、日本、中国、菲律宾等在内的亚洲地区。

从15世纪中叶起，葡萄牙人便沿着几内亚海岸向南、转过好望角向东、又向北走了一个大弧形，留下了一些在航海史上很有名气的人物。如，亨利王子，虽然他并不曾亲自航海，但却号称“航海家”；在他的规划下，船员们在1447年沿西非海岸到达了塞拉勒窝内，巴托勒麦·迪亚斯于1487年驱舟乘风南下，13天不见陆地，实际上他已经绕过好望角进入了印度洋界，回程时又看见了海角，因感风暴之烈而名之为“暴风雨角”；返葡后，葡王易角名为“好望角”，此名沿用至今。同一年，佩德罗·达·哥维拉沿埃及、亚丁首次抵达印度的卡利库特，故实为到达印度的第一人。但是他并没有什么建树，真正进行了从西欧西南角到印度洋全程旅行，并且在卡利库特王国做成了生意的，是有名的瓦斯科·达·伽玛。伽玛于1497年7月驾舟从葡萄牙出发，次年5月底进入了卡利库特港，再过一年取道东非返葡。伽玛在航程中奋力同几个世纪以来在印度洋地区进行贸易的阿拉伯商人争夺，时时不免需要借助武力。在第二次远航印度洋时，他发现了一些从麦加出发的摩尔人商船，就强力扣留了这些船，命令船员把船上的货物都卸下来，然后下令烧船。①伽玛的首航日记中有过如下记载：

> 诚然，谁都有航海的权利，在欧洲我们承认别人也拥有反对我们的权利；但是，这种权利从没有越出欧洲以外。而当葡萄牙人没收了未经他们许诺而在海上航行的人的货物的时候，其海上霸主的称号也就被确认了。②

葡萄牙的向外扩张，可以从1415年夺占北非休达算起，后来逐渐把在非洲寻找黄金和沿大西洋的航海探险结合起来，并且决意从非洲沿海出发去寻找印度洋。

伽玛探通了路，并为葡萄牙的商业资本积累做出了贡献。真正在亚洲建立了一块殖民地的则是于1509年再航印度洋，并且占领了果阿的阿尔丰索·达布凯尔克。他把葡萄牙的政治体

---

① Panikkar，*Asia and Western Dominance*，第42页。

② 转引自L.S.Stavrianos，*The World since 1500：a Global History*，Prentice-Hall，Inc.N.L.，1971年，第95页。

制都搬到果阿来，把它变成了他在亚洲海域的活动基地；占领满剌加，就是从果阿出发的。达布凯尔克因此做了果阿的总督。后来，葡萄牙人逼近中国沿海一带便多是经由满剌加过来的。因此，当时的中国人以为葡萄牙（时中国人称之为“佛郎机”）就在满剌加附近。

葡萄牙人东来的动因，一是为了传播宗教，二是为了做买卖，很难说哪一条是第一位的；但是实际上做的（至少在16世纪）是买卖，并由此建立了殖民地。哥伦布的美洲探险，本来也是有相同的社会动因的。哥伦布本是要去契丹（中国）或印度，结果到了美洲；他的任务让伽玛完成了。然而也可以说哥伦布以其在美洲发现了金银产地而支持了伽玛的事业。据说伽玛的东航是得到了美洲黄金的支持以换取印度的香料、宝石等物的。据伽玛首航日记，卡利库特国王曾在伽玛离印返葡前交给他一份致葡王曼努埃尔一世的照会，内称：

> 贵土贤绅瓦斯科·伽玛惠临我土，朕深以为荣。我土盛产香草、丁香、生姜、胡椒及宝石诸物；敢请易以黄金、白银、珊瑚和绯红麻布之属。[1]

---

① L.S.Stavrianos，*The World since* 1500：*a Global History*，第96页。

这正是马克思所说的“在14和15世纪，在地中海沿岸的某些城市已经稀疏地出现了资本主义生产的最初萌芽”的时代。①从这时期起，“美洲的发现、绕过非洲的航行，给新兴的资产阶级开辟了新的活动场所。东印度和中国的市场、美洲的殖民地、对殖民地的贸易、交换手段和一般商品的增加，使商业、航海业和工业空前高涨，因而使正在崩溃的封建社会内部的革命因素迅速发展。”②

葡萄牙人于1557年占据了澳门，中国沿海第一次出现了一块外国人的殖民地。从1514年葡萄牙人第一次来到屯门岛起，中国明王朝的地方当局同葡萄牙人就不断发生摩擦和冲突，这个时期的情况是早期中国和欧洲交通史中不能忽略的，文章的第三部分将论及。

这里粗线条地讲述了一些人们可能都有大体上的了解的历史，目的在于交代一下当时的时代背景，以便于下文对照中国——确切地说是明王朝政府——对来自远方的不速之客的反应。

---

① 《马克思恩格斯全集》第23卷，第784页。

② 《马克思恩格斯全集》第1卷，第252页。

乙　明季中国与外界交通

与16世纪葡萄牙人东来相应时期之明季，在开国的一二百年间，与外界之交通，从地域上看，多在朝鲜、越南、日本、缅甸、柬埔寨、暹罗、印度以及南洋各地，后来逐渐到小亚细亚，郑和足迹最西到了波斯湾、东非海岸和阿拉伯边缘地，再往西是什么样子，就一无所知了。从当时中国政府的通商政策看，总的说来，是控制和限制，完全没有求发展的对外贸易的观念，也没有国际关系的意识。明洪武之初本承元制，仍与左近地区通商。洪武二年“倭寇”在中国沿海大肆侵扰，明廷即几乎禁绝了与外界的通商，对沿海一带的外域商人也一体加以种种限制。

《明太祖实录》卷四九称：“洪武三年二月甲戌，罢太仓、黄渡市舶司；凡番舶至太仓者，令军卫有司封籍其数，送赴京师。”卷九三载：“洪武七年九月辛未，罢福建泉州、浙江明州、广东广州三市舶司。”

不过，做违法买卖的并未杜绝。为此，明廷多次重申禁令，施以严厉措施。明季陈仁锡纂《皇明世法录》卷二三一载：洪武二十七年重申禁止民间使“番货”，说“敢有私下（与）诸番互市者，必置之重法。凡番香番货皆不许贩鬻，其现有者限以三月销尽。”《明史·三佛齐传》记，至洪武三十年，已是“商旅阻遏”，只剩下安南、占城、真腊、暹罗、大琉球“朝贡如故”了。当时甚至禁造三桅以上的大船，凡“奸豪势要，及军民人等”胆敢带违禁货物下海去做买卖的，都难免冒身家性命的危险。“其打造前项海船（指三桅以上的大船）雇与夷人图利者，比照将应军器下海者，因而走漏军情律，为首者处斩，为从者发边卫充军。若止将大船雇与下海之人，分取番货，及虽不曾造有大船，但纠通下海之人，接买番货，与探听下海之人，贩货物来，私买贩卖苏木、胡椒至一千斤以上者，俱发边卫充军，番货并没入官”[1]。

这种状况到明成祖永乐元年（公元1403年）有了松动；这一年，明廷恢复了市舶司的设置，加强了海关出入口纳税的管理制度。

《明成祖实录》卷二三称：“元年八月丁巳，上以海外番国朝贡之使，附带货物前来交易者，须有官专主之。遂命吏部依洪武初制于浙江、福建、广东设市舶提举司，隶布政司。每司置提举司一员，从五品；副提举二员，从六品；吏目一

① 《皇明世法录》卷二三一。

员，从九品。”至永乐六年（1408年）又增设了云南等市舶提举司。

这就是说，在中国东南沿海一带和西南边境地区都设置了专司贸易、课税的机构。对于明成祖的解禁，朝野都有好的反应。明人严从简《殊域周咨录》卷九“佛郎机”一则有云：“自永乐改元，遣使四出，召谕海番，贡献迭至，奇货重宝，前代所希，充溢府库。贫民承令博买，或多致富，两国用亦羡裕矣。”卷八“暹罗”一则云：“夷中百货，皆中国不可缺者，夷必欲售，中国必欲得之。”对外贸易稍加开解，就出现了活跃的局面。

事实上，这样的对外贸易，无论是外国人到中国来，还是中国人到域外去，都是使节“附带”的事。对于“自我中心意识”极强的“天朝大国”，“番货”是附属于“贡物”的，“贡物”以外的东西拿到市场上去卖。中国史书常有记载某国国王为了修好国家关系遣使携方物朝贡者，称作“贡使”。至于明王朝派出的使节携带的礼品，则是在“宣慰”“外番”时居高临下的“赏赐”。有名的郑和下西洋，即属此。仅举一例，以见其余。《明史·忽鲁谟斯传》载，“永乐九年，天子以西洋近国已航海贡琛，稽颡阙下，而远者尤未宾服”，乃命郑和携玺书往诸国，“赐其王锦绮、彩帛、纱罗，妃及大臣皆有赐。王即遣陪臣已即丁奉金叶表，贡马及方物”。郑和西航，历三十余国，许多国家都这样派使臣携贡物回报。明廷与外国的来往其实并没有经济的目的，航海并不是为了贸易，这与西方人到中国来的用意，很不相同。《明史·郑和传》略云：

> 成祖疑惠帝亡海外，欲踪迹之，且欲耀兵异域，示中国富强。永乐三年六月，命和及其侪王景弘等通使西洋。

西里写郑和出使的目的是“耀兵异域，示中国富强”，经济意义未着一字。《传》继云：

> 和经事三朝，先后七奉使。所历……凡三十余国。所取无名宝物不可胜计，而中国耗费亦不赀。自宣德以还，远方时有至者，要不如永乐时，而和亦老且死。自和后，凡将命海表者，莫不称和以夸外番，故经传三保太监下西洋，凡明初盛事云。

郑和航海不仅是“明初盛事”，也是航海史上的壮举。但是与伽玛等反映了商业资本的躁动与成长的航海事业相比，则意义完全不同，在世界发展史中的作用自然也不同。中国天朝的视野极于郑和所达到的最西界，大体是霍尔木兹、佐法耳、亚丁、摩加迪肖等地。郑和以后，这样的举动即不再有。因此郑和在他航行的较西地区留下的影响是很有限的。郑和到过的地方都比中国落后，郑和的随行人员马欢、巩珍、费信等人根据耳闻目睹写下的《瀛涯胜览》《西洋番国志》《星槎胜览》等可证。这也更增加了明廷的“声教洋溢乎四海，仁化溥洽于万方”[①]的大国心态。

在葡萄牙人出现在中国沿海的时候，中国人除了对“倭寇”感到头痛之外，还正陶醉在睥睨万邦的梦境里。中国人以为这些人既是从满剌加方向来的，则“佛郎机”想必就在满剌加附近了。至于为什么把葡萄牙人和西班牙人称作“佛郎机”人，据传说，中古时代阿拉伯人把欧洲人叫作“佛郎机”，即“法兰克人”；其时，法兰克人曾用大炮轰击入侵的阿拉伯人，大炮便得名“佛郎机”；这样传来传去，中国人便把葡萄牙叫作“佛郎机”了。近代史学家张维华认为：“在吾国史内，有‘拂林’一国，今人考之，均言为佛郎机之转音。如是，则‘佛郎机’一名之传入东土，与夫回回人之呼欧人为佛

① ［明］巩珍：《西洋番国志》，中华书局1962年版，第7页。

郎机，由来已久，特明季之人，未之知耳。当葡人东来时，所用舌人多系阿拉伯之回商，或与彼等有关之商人，彼即沿其旧日用呼欧人之通称，而称葡萄牙人。时吾国昧于外情，不加深察，遂亦以‘佛郎机’称之矣。至明人之呼西班牙人为佛郎机，亦当出于同一情势也。”①我想张维华先生的说法是有根据的。

这里且引几则中国史籍对葡萄牙人的描述，以见当时中西隔绝之状况。顾炎武《天下郡国利病书》卷一一九云：

> 佛郎机国在爪哇南，古无可考。

《明史·佛郎机传》云：

> 佛郎机，近满剌加。正德中，据满剌加地，逐其王。
>
> （佛郎机）自灭满剌加、巴西、吕宋三国，海外诸番无敢与抗者。

这些记载都反映，当时中国人发现了一些来路不明的人，

① 张维华：《明史欧洲四国传注释》，上海古籍出版社1982年版，第2页。

用武力占据了南洋诸国，大显威风；姑妄言他们来自爪哇以南。

然而，无论如何，中国人的目光正在不自觉地射向南洋和比南洋更远的地方，他们当然根本不可能意识到，中国正在不可避免地走向外部世界，包括与完全陌生的、在脑子里几乎不存在的西方。东汉时期“大秦”来使，元朝时马可·波罗来朝，都有很大的偶然性。在“地理大发现”的浪头中，在欧洲人走出中世纪向海外探索的当口，一个新的历史时期迈开了脚步，在这种历史文化背景下，葡萄牙人的东来不再是一时的、偶然的孤立现象，而是正在肇始一场一发不可止的、更大规模的欧洲人的东航，从而引发出东西文明的碰撞。后来以意大利人利玛窦为先导的西欧耶稣会会士，不仅带来了天主教义，而且带来了数学、天文、地舆、水利等科学技术知识。

中国一直是处在汤因比所说的“自我中心的错觉”之中的。汤因比曾援引乾隆皇帝在1793年给英王乔治三世的信，其中说：“咨尔国王，远在重洋，倾心向化，……朕披阅表文，词意肫恳，具见尔国王恭顺之诚，深为嘉许……”那气派仍如三百多年前明永乐皇帝的“朕君临天下抚治华夷”之类一般无二。汤因比评论说：“在这封信交出以后的百年里，乾隆那里的人民的骄傲就受到了一系列的挫折。骄傲的结果向来是这样的。”[1]

这种“骄傲”与闭关锁国的历史相辅相成，是一种坐井观天式的“骄傲”。在葡萄牙人占据澳门之后，明王朝的有些官吏受到了震动，然而，人们仍然不可能预想到中国在未来中西交通中将受到怎样的考验，明王朝拿不出进取的对策，只是千方百计地要拦住袭来的潮水。我国著名史学家邓之诚这样评述葡人东来的影响：“葡人既抵印度，复东进而据锡兰、摩鹿加、爪哇、马六甲诸岛。东方航权，遂操诸其手。中西势力之消长，此其关键焉。”[2]这是很有见地的。

丙　明王朝与葡萄牙人

（一）明廷的沿海通葡政策

如上所述，葡萄牙最早同中国有接触可溯及15世纪末瓦斯科·达·伽玛到达印度马拉巴尔海岸之后。伽玛首航回到里斯本后曾把在卡利库特买到的中国瓷器献给王后。那时，葡人的活动还只限于印度沿海一带。葡王于1505年派西芒·德·阿尔

① [英]汤因比：《历史研究》中译本，上海人民出版社1986年版，第47页。
② 邓之诚：《中华二千年史》卷五上，中华书局1982年版，第91页。

梅达充首任印度总督，此后，葡萄牙的航船就扩航到满剌加一带活动。据传，葡人塞克拉率领的船队抵达满剌加时曾受到抵抗；继阿尔梅达之后接任印度总督的阿尔丰索·达布凯尔克派出18艘战舰，从果阿攻打满剌加，并且占领了这个地方。达布凯尔克因此做了满剌加总督。所以东航是有武力做后盾的。

葡人占领了满剌加后就立即积极同当地的中国船主接触，设法靠近中国海岸。1514年，明正德九年，几个葡萄牙商人来到中国沿海的屯门岛，为首的叫乔治·阿尔瓦雷斯。1517年，正德十二年，葡人费尔南·安德拉戴来到屯门岛，同来的还有一位葡王派遣的人，叫托马斯·佩雷斯。据明人何乔远著《名山藏》等载，当时的广东左布政使兼海通副使吴廷举同意了他们到广州经商。后来吴廷举便时时因此受到抨击。

葡人逼近中国沿海时显然也是打了炮的。根据在满剌加的口传，中国人把这些来自欧洲的人叫作“佛郎机”人。明廷以其名不见于《大明会典》，加之“倭寇”披猖太甚，葡萄牙人攻占满剌加时苏丹又曾向中国求救，所以对这些新面孔是没有好感的。当时任广东佥事顾应祥记载当时情况云：

佛郎机，国名也，非铳名也。（当时的中国人把葡萄牙人用的炮顺口称之为“佛郎机”。——作者注）正德丁丑（正德十二年，公元1517年），予任广东佥事，署海道事，蓦有大海船二只，直至广城怀远驿，称系佛郎机国进贡，其船主名加必丹。①

这次葡萄牙人到中国沿海一带活动，肯定发生过武装接触。正德十六年（1521年）的中葡交火是有记录的："副使汪鋐尽力剿捕（葡人），仅能胜之。于是每岁造船铸铳，为守御计，所费不赀。"②

汪鋐这一次虽然赶走了葡萄牙人，"仅能胜之"，但是却驱而未绝。关于明代这一时期的沿海情势，巡抚林富于嘉靖八年（1529年）的奏疏述之甚详：

仅按《皇明祖训》，安南、真腊、暹罗、占城、苏门答腊、西洋、爪哇、彭亨、白花、三佛齐、勃泥诸国，俱许朝贡；惟内带行商，多行诡诈，则击却之。其后趋通。又按《大明会典》，惟安南、满剌加诸国未朝贡者，使回，俱令于广东布政使管待。见今设有市舶提举司，又勒内臣一员以

① （明）胡宗宪辑：《筹海图编》卷一三，第31页。

② 《明武宗正德实录》卷一四九。

督之，所以送迎往来，懋迁有无，柔远人而宣盛德也。

这是一类国家，它们早就与中国有了来往；佛郎机不在这一类国家里。关于佛郎机，林富叙述如下：

至正德十二年（1517 年），有佛郎机夷，突入东莞县界，时布政使吴廷举许其朝贡，为之奏闻，此则不考成宪之过也。厥后犷狡章闻，朝臣惟御史邱道隆等奏，即行抚按，令海道官军驱逐出境。诛其首恶火者亚三等，余党闻风慑遁。有司自是将安南、满剌加诸番舶尽行阻绝，皆往漳州城海面地方，私自驻扎，于是利归于闽，而广之市井萧然矣。

林富接下去说：

夫佛郎机素不通中国，驱而绝之宜也。《祖训》《会典》所载诸国，素恭顺与中国通者也，朝贡贸易，尽阻绝之，则是因噎而废食也。

为此，林富主张区别对待，“凡舶之来，出于《祖训》《会典》之所载者，密伺得真，许其照旧驻扎。其《祖训》《会典》之所不载者，如佛郎机，即驱逐出境。如敢抗拒不服，即督发官兵擒捕。”①

在林富的奏疏中还提到与外域通市的四大好处，但从全文看是指同《祖训》《会典》有记载的国家通市，佛郎机是除外的。《明史·佛郎机传》和《澳门纪略》却都说与佛郎机通市，自林富始，这当是一种误解。

然而，事实上，包括葡人商船的各国商船到广东沿海一带活动，已是常见的事了，日复一日，对活跃沿海经济是起了作用的，甚至一度政府官员的月俸都有一部分以外国商品充值。于是朝廷里屡有完全禁止“番舶”之议。“嘉靖初，有言粤文官武俸多以番货，代请复通市，给事中王希文力争之。”王希文在《重边防以苏民命疏》中提出：“除约束备倭不致侵扰外，仍乞申明祖宗旧制，凡进贡者秘有金叶表文。”②从此，“番舶几绝”。

然而，完全禁绝与葡人通市的主张，实际上很难做到，所以明廷对葡商一直时允时否，政策不定。明廷囿于“天朝大

① （明）顾炎武：《天下郡国利病书》卷一二〇，转引自张维华：《明史欧洲四国传注释》，第26、27页。

② （清）印光任、张汝霖：《澳门纪略》，广东高等教育出版社1988年重印本，第18—19页。

国”心态，商业意识极差，对沿海的通商活动，基本上取防范和限制的方针。直到葡萄牙人占据澳门时，明王朝才不得不接受既成事实，纳税通商也就是合法的了。

（二）葡萄牙人与“走马溪”之役——明廷的沿海通葡政策之续

前面说过，对于初来中国的葡萄牙人，没有一本中国明代典籍能说明所谓佛郎机是从哪里来的。有明之世，中国沿海一带经常受到海盗的骚扰，其中相当一部分是沿海一带的中国海盗和“倭寇”，杂以包括佛郎机人在内的从满剌加方向来的弄不清来历的人。这些佛郎机人是不是海盗，还是一部分是，一部分不是，史书也不一致。

这里以嘉靖二十八年（1549年）的明廷歼击海盗的“走马溪”之役为例。

《明史·佛郎机传》云：

> （嘉靖）二十八年，（海盗）又犯诏安。官军迎击于走马溪，生擒贼首李光头等九十六人，余遁去……（杜汝桢）往验，言此满剌加商人，岁招海滨无赖之徒，往来鬻贩，无潜号流劫事……

另，《明史·朱纨传》载：

承平久，奸民阑出入，勾倭及佛郎机诸国入互市。

《明嘉靖实录》卷三五，记“走马溪之役”也说，“按海上之事，初起于内地奸商”，当这些“奸商”在沿海大肆劫掠时，余姚县急忙向上司报告，说是“倭贼入寇”；“而诸奸畏官兵搜捕，亦遂勾岛夷及海中巨贼，所在劫掠，乘汛登岸。动以倭寇为名，其实真倭无几。”

这几条材料说明：①1549年御史朱纨在走马溪剿寇，剿杀的主要是中国强盗；②其中有勾结进来的日本海盗少许；③也杂以一些佛郎机人，他们主要是做生意的，“无潜号流劫事”。

但是，印鸾章辑《明鉴》说：“贼渠闽人黎光头数为倭主，已，复引佛郎机行劫。”

朱纨向明世宗报捷的奏疏中也提到，在他俘虏的盗贼中确有佛郎机人，说，在战斗中，“贼夷对敌不过……生擒佛郎机国王三名：一名倭王，审名浪沙罗的·哔咧，系麻六甲国王子；一名小王，审名佛南波二者，系满剌加国王孙；一名二王，审名兀亮喇咧，系麻六甲国王嫡弟……”[1]

当时对外情很不了解，朱纨所记细节不一定准确，但是，明确的是俘虏中一定有葡萄牙人。证诸西籍也大致不差；朱纨所谓“生擒佛郎机国王三名”，也可在西籍中找到佐证。如布拉伽在他写的《西方先行者及其在澳门的发现》一书中转引葡萄牙多明我会士的话，说在这次交战中，有些葡萄牙人被杀了，一些人受了伤，四个葡萄牙人被打扮成“满剌加国王”，关在囚笼里。[2]而且也确有葡萄牙人在中国沿海肆虐，但是据说是由于中国方面断绝了葡人的粮食供应引起的。葡萄牙商人平托说，中葡商人发生了争执，中国商人告了官，中国官方便禁止了中国人和葡萄牙人交往，并且断绝了葡萄牙人的粮食供应，于是，葡萄牙就搜刮乡村，找粮食，引起与中国人的冲突，于是中国军队就介入了。

朱纨是力主严禁沿海贸易的，认为“（闽、浙）豪民借势通夷，当事者莫敢诘难，动为掣肘”，他认为当局应该态度坚决。朱纨的主张受到福建、浙江沿海一带商贾的反对。比较全面地讲出自己的意见的，有如闽中豪门林希元者，在《与翁见

---

① （明）朱纨：《甓余杂集》卷四。转引自戴裔煊《〈明史·佛郎机传〉笺正》，中国社会科学出版社1984年版，第43页。

② 见《〈明史·佛郎机传〉笺正》，第44页。

愚别驾书》中他陈述了自己的意见如下：

一、正当贸易不当禁，他说：

“夫夷狄之于中国，若侵暴我边疆，杀戮我人民，劫掠我财物……则当治兵振旅，攻之不逾时也。若以货物与吾民交易……则不在所禁也。佛郎机之来，……与边民贸易，其价尤平，其日用饮食之资于吾民者，如米面猪鸡之数，其价皆倍于常，故边民乐与为市，未尝侵暴我边疆，杀戮我人民，劫掠我财物。”

二、佛郎机人曾帮助中国御盗：

“……且其初来也，虑群剽掠累己，为我驱逐，故群盗畏惮不敢肆……据此，则佛郎机未尝为盗，且为吾御盗，未尝害吾民，且有利于吾民也。”

三、佛郎机收买华人子女，是非法的；但不能以盗论罪：

“……佛郎机虽无盗劫掠之行，其收买子女，不为无罪，然其罪未至于强盗。边民略诱卖与，尤为可恶，其罪不专在彼。”

四、以武力攻之，得不偿失：

“……然以彼之悍勇轻生，欲杀其十人，非偿以数十人不可。大约机夷之人，不下五六百，欲尽灭之，非倍以千人不可。然捐千人之命，以陪无大罪之夷，亦仁人所不忍也……若不量利害之深浅轻重，而必欲攻之，恐所得不尝所失，其祸当有大于此者。”

林希元显然与朱纨的主张是针锋相对的。他在信中还说，他曾向地方政府推荐了同葡商谈判的使者，要求葡商照章纳税。这位使者到葡船上办交涉，受到很好的招待。因此，他问道，一方面谕其纳税，一方面又忽然武力相加，“抚不成抚，攻不成攻，中国之待夷狄当如是乎？”

从这封信看，林希元定是与前葡商有来往的，林信中有“朱秋崖”（朱纨）诬元以“渡船载番货”之语，朱纨疏中亦有“豪民借势通夷”之说，两下对照，说的是同一事。当时以朱纨为代表的力主禁市的力量是很大的，因此林希元求告于翁见愚，用意是“计执事不以元为党夷，使当道闻之欲加害，执事必能为白心事，万一因之取祸亦无愧，正所谓与其不言而为民害，宁言而起人疑也。”[①]

林希元这封言辞恳切的长信，是了解当时中国沿海情势（尤其是闽浙沿海情况）及明廷官绅不同态度的一份重要材

① 林希元：《与翁见愚别驾书》，全文见张维华《明史欧洲四国传注释》，第34—36页。

料。至少可以看出，明王朝虽然没有对外贸易的意识，中国沿海一带的商人却是十分欢迎通商的，同时这也表明沿海贸易已是不可遏止的事物。这种趋势与当时沿袭下来的自我封闭的禁商政策不能不发生抵牾。朱纨力主禁市，在皇帝面前说闽浙大户素有“通倭”行为，激起了闽浙人的怨恨，以致受到了同僚御史周亮、陈九德，给事中杜汝桢等人的弹劾，终以擅自行诛罪被捕，旋即在狱中服毒自杀了。

“走马溪之役”只是沿海一带发生的类似冲突的一个。值得一提的是它反映了沿海贸易关系的趋向和明王朝的不同人的不同反应。朱纨的被劾意味着禁商政策的松动；中国沿海的商业活动是无法禁止的。

（三）葡萄牙人与澳门

自从第一个葡萄牙人来到中国沿海直到占据澳门的几十年当中，到中国沿海来的葡萄牙人是越来越多了。明王朝对于沿海贸易的限制是时紧时松的，对佛郎机人的防范一般来说是比较严厉的。一个葡萄牙船长索萨在1556年1月15日从印度西部柯枝给葡王约翰三世的兄弟路易斯亲王写的信中就提到他是怎样同中国人办交涉的。

索萨说他于1552年乘商船去中国，中国地方官员不许他进入港口，于是便同中国地方当局谈判，正式签订了纳税的协定，商定像对暹罗商人那样交20%的关税。在这之后，葡萄牙人才得以在中国沿海合法经商；有些人甚至到广州和其他地区去做生意，一般都通行无阻。[①]估计这样的谈判不止这一次，可能在明廷弛禁时，凡来的就都要进行这样的谈判，谈妥了便可以上岸。这比十来年前林富、王希文等提议严禁时已大为放宽了。

葡萄牙人占据澳门使葡人在中国沿海的活动进入了一个新的阶段，欧洲人在中国建立了第一块殖民地。葡萄牙人何时进入澳门，中国史书一般认为是1553年，即明嘉靖三十二年；也有的说是1557年。如，《广东通志》《澳门纪略》《广东考古辑要》等都定为1553年，是年葡船遇上风浪，上岸晾晒货物，以后逐渐住下来，并且来人越聚越多。此处只引《澳门纪略》：

> （嘉靖）十四年（1535年），都指挥黄庆纳贿，请于上官，移舶口于濠镜，岁输课二万金。澳之有蕃市，自黄庆始。
>
> （嘉靖）三十二年（1553年），蕃舶托言舟触风涛，愿借濠镜地暴诸水渍贡物，海道副使汪柏许之。初仅茇舍，

① J.M.Braga, *The Western Pioneers and Their Discovery of Macao*，第85页。转引自《〈明史·佛郎机传〉笺正》，第70—71页。

商人牟奸利者渐运瓴甓榱桷为屋，佛郎机遂得混入。高栋飞甍，栉比相望，久之遂专为所据。蕃人之入居澳，自汪柏始。[1]

《广东通志》等所记大同小异。《明万历实录》卷五五七则把葡人据澳定为1557年：据两广总督周嘉谟、巡按田生金于万历四十五年五月上疏，"群夷去故土万里，居澳中六十年"。万历四十五年是西元1617年，上推60年，是为1557年。

西籍的有关记载与中国史书所记有出入，主要是占据澳门的理由和中国史书所载不同。张维华先生辑录三则：

一则摘于传教士利类思《不得已辩》，略云："……西客居澳，在嘉靖年间，而利玛窦入中国系万历九年，相距50余载，此事广东布政司可考。然西客居澳，又原有由焉。明季弘治年间，西客游广东广州、浙江宁波，往来交易。至嘉靖年间，广东海贼张西考攘澳门，至围困广州，守臣召西客协缓解围，赶贼至澳歼之。是时督臣疏闻，有旨命西客居住澳门，至今130余年矣。"《不得已辩》成书于清康熙四年（1665年），上推130年，为明嘉靖十四年（1535年）。

① （清）印光任、张汝霖：《澳门纪略》，广东高等教育出版社1988年重印本，第20页。

再见于葡萄牙传教士曾德昭的一段话："澳门宿为海寇盘踞之地，邻近居民，时被骚扰，中国官吏思除灭之，然畏怯不敢冒险，且不欲耗费己力，闻葡人强悍善战，遂请其代为驱逐，并允于海寇灭绝之后，以澳门予之。……自此以后，葡人遂得于澳门择地筑室以居焉。"

第三则录自葡人莫诺埃尔·德·法利亚·埃·索萨的一段话："澳门土地硗落，多岩石，为海寇渊薮，中国官吏欲除灭之，……时葡人寄居上川，遂与之约，如能代为歼除，即以澳门给予。葡人垂涎澳门已久，深欲假扫除海寇之功以得之，遂允其请。海寇虽谙于道路，然战术则远不及，故终为葡人所驱除。葡人乘战胜之余，即于澳门建城筑室以居其民。"

另瑞典人龙思泰称，德·居涅斯曾著书《北京之行》，说此次海寇之削平，在1563年（嘉靖四十二年），后澳门之已被据者六年。据此，葡人据澳当为1557年。[①]对于葡萄牙人是怎样占据澳门的，利类思等人的说法显然是错误的；依瑞典人龙思泰所记，葡人帮助明王朝灭除海寇是在已据澳门6年之后。所以并不是明廷为了答谢葡人把澳门租给或送给葡萄牙的。中国史籍所载也足以说明。

---

① 以上均详见张维华《明史欧洲四国传注释》，第44页。

所谓葡萄牙人驱逐海盗之事，据考应是葡萄牙人参与了镇压柘林兵变，而柘林兵变发生在1564年，当时葡早已进驻澳门了。诚如戴裔煊先生说的：“……所谓赶走海盗，究竟是怎样一回事呢？原来是嘉靖四十三年（1564年）守柘林澳门的广东水兵起义，进逼广州城。”[1]

柘林水兵起义事，《明嘉靖实录》卷五三二记其事如下：

> （嘉靖四十一年，即公元1564年）广东东莞水兵徐永泰等四百人守柘林澳，五月无粮，皆怨望思乱。会领军指挥韩朝阳侍总兵俞大猷檄，调戍潮阳海港，诸军益怨。遂鼓噪执朝阳，入外洋与东莞盐徒及海南栅诸寇合，进逼省城。

“戍潮阳海港”是说徐永泰所部水兵是奉调到潮阳去对付日本海寇的；水兵恰于此时以告粮为由绑架了下调令的韩朝阳，并进逼广州。于是，总兵俞大猷和提督侍郎兼右佥都史吴桂芳合兵镇压了水兵起义。

俞大猷的注意力在于对付“倭寇”，镇压水兵起义不见于《明史》中的《俞大猷传》，当然史传中更不可能提及葡萄

① 戴裔煊：《〈明史·佛郎机传〉笺正》，第77页。

牙人参与镇压了。俞大猷同吴桂芳的通信中提到过借助停泊在澳门的葡船的事，言明“功成重尝其夷目”，具体地说是允许葡萄牙免缴税一年，此外葡方不能有他求。[①]

西籍也记载了这件事，并且说，在澳门的葡萄牙人愿意参加镇压叛乱的水兵，是因为中国的水兵对葡商船也是一种威胁，同时也希望借此得到其他好处，为允许派使臣谒见皇帝和在中国传教等。[②]

葡萄牙的这些要求都没有达到，但因此巩固了他们在澳门居住的权益，则是肯定的。上述这些材料都说明，西籍关于葡萄牙占据澳门是明王朝对葡人帮助镇压海盗的“报酬”的说法，是完全不符合历史事实的。

（四）16世纪晚期之在华葡势力——葡据澳门之后

经过几十年的屡禁屡弛，葡萄牙在中国沿海的商业活动有了很快的发展。明王朝对之仍是限制居多，把“番夷”看作是一种祸害而力加防范。这方面的文献很多，这里只选出一两份来以概其余。

---

① （明）俞大猷：《正气堂集》卷一五，第24页。

② J.M.Braga，*The Western Pioneers and Their Discovery of Macao*，第116—117页。转引自《〈明史·佛郎机传〉笺正》，第80页。

明嘉靖四十三年（1564年）广东御史庞尚鹏在《抚处濠镜澳夷疏》中记述了当时的情况和中国官员们的心态：

> ……每年夏秋间，夷舶乘风而至，往只二三艘而止，近增至二十余艘，或倍增焉。往年俱泊浪白等澳，限隔海浪，水土甚恶，难于久驻，守澳官权令搭篷栖息，待舶出洋即撤出。近数年来，始入濠镜澳筑室，以便交易，不逾年多至数百区，今殆千区以上。日与华人相接济，岁规厚利，所获不赀，故举国而来，负老携幼，更相接踵，今筑室又不知几许，而夷众殆万人矣。

这里讲的是葡萄牙在几十年当中向澳门殖民的情况，说明葡萄牙已经在澳门站住了脚，同中国商人的接触自然也多起来了。

然而，这些葡萄牙人“蔑视澳官，渐不可长”。庞尚鹏担心，他们定然不满足于在澳门经商，而且会“拥众入据香山，分布部落，控制要害，鼓噪直趋会城，俄顷而至”，到那时就难以遏止了。他认为：

> ……番船抽盘，虽有一时近利，而窃据内地，实将来隐忧。党类既烦，根株难拔，后虽百其智力，独且奈何！

或谓彼利中国通关市岂忍为变？孰知非我族类，其心必异。此殷鉴不远，明者睹未萌，况已着乎！

所以必须防患未然。庞尚鹏并没有提出什么新办法，无非仍是抽税和限制活动两条：

……自番舶入境，仍泊往年由澳，照常交易，无失其关税岁利。复严布通番之令，凡奸人之私买番货，叛民之投入番船，及略卖人口，擅卖兵器者，悉按正其罪。俾人皆知有法之可畏，而不敢为射利之徒。[①]

“照常交易，无失其关税岁利”，等于是承认现状，更多的是严格要求和限制“私买番货”等“射利之徒”。像庞尚鹏这样的奏疏在中国各类史书中还有不少。尤其是发现澳门的葡萄牙人同日本人也有勾结，明廷就更提高了警觉。大臣们纷纷议论主张一经发现有“倭人”混迹其间，就要坚决地押送出境。万历四十二年（1614年）12月，两广总督张鸣冈的疏奏，清楚地说明了这段历史的详情：

① 全文见《南海县志》卷二。

粤东之有澳夷，犹疽之在背也。澳之有倭奴，犹虎之付翼也。万历三十三年，和筑墙垣，官兵诘问，辙被倭抗杀，竟莫敢谁何。今此倭不下百余名，兼之富有年深，业有妻子庐舍，一旦搜逐，倘有反戈相向，岂无他虞？今乃不亡一矢，逐名取船押逐出境，数十年澳中之患，不崇朝而情除……惟倭奴去矣，而澳夷尚留，议者有谓必尽驱逐，须大兵临之，以弭外忧。有谓濠镜之内，不容盘据，照旧移出浪白外洋，就船贸易，以消内患。据称，濠镜地在香山，官兵环海而守，彼日食所需，咸仰给于我，一怀异志，我即断其咽喉，无事血刃，自可制其死命。若临以大兵，衅不易开。即使移出浪白，而瀚海茫茫，渺无涯矣，船无定处，番船往来，何以盘诘？奸徒接济何以堵截？勾倭酿衅，莫能问矣。何如加意申饬明禁，内不许阑奸出，外不许阑奸入，勿生事，勿弛防，亦可保无他虞。若以为非我族类，终为祸阶，不贵夷入，拔而去之，无使滋蔓，此在庙廊之上断而行之。[1]

这封疏奏同样说明，除了承认既成事实别无他法。

---

① 全文见《明万历实录》卷五二七。

到了16世纪60年代，中国史书上已出现“蒲丽都家”的名称，《明嘉靖实录》卷五四五记，嘉靖四十四年（1565年），“初称满剌加国，已复易辞称蒲丽都家”。又，同年两广提督吴桂芳《议阻澳夷进贡疏》中说：“照得蒲丽都家国名，史传所不载，历查本朝并未入贡，恐系佛郎机国夷人”；又说，“今蒲丽都家恐即佛郎机自隐之国名”。[1]

可见，中国只是在这时才知道葡萄牙这个国名，显然是由于葡萄牙人占据了澳门，见的多了，了解也多了，才慢慢地，但仍是朦朦胧胧地感觉到，葡萄牙人才是“佛郎机”的正确称谓，而与满剌加人是两回事。不过，《明史》仍用的是“佛郎机”。

丁　小结：新来客，新问题

葡萄牙的东航事业到16世纪末期可算取得了可观的进展，它掀开了西方殖民主义史的重要一页。从欧洲人的东航史看，16世纪可称是葡萄牙人的世纪，不过也仅仅是这一个世纪。从下世纪起，伊比利亚半岛在东方就不再能够独领风骚了。所谓

① 原疏见陈子龙等辑：《明经世文编》卷五四二，转引自戴裔煊《〈明史·佛郎机传〉笺正》，第86、87页。

葡萄牙帝国的鼎盛时期到占据澳门时开始实已逐渐失去光彩。欧洲几个殖民国家一个个挤进来，有的后来居上，把葡萄牙远远抛在了后面。

在葡萄牙人活跃于中国广闽浙沿海期间，伊比利亚的另一个国家西班牙已经到东方来了，间有一两名传教士（如在1577年）曾到过福建厦门逗留，旋即返回西班牙殖民者占据的吕宋；有的曾到过澳门、福建的漳州等地做买卖。这类事在中国史书里记载不多，当时的中国人也分不清葡萄牙人和西班牙人，都一律称之为“佛郎机”人，不过一是从满剌加来的，一是从吕宋来的。中国史书里有“干系腊国”这个国名，指的就是西班牙。西班牙虽在《明史》中有传，称《吕宋传》，实则讲的多是西班牙在征服马尼拉后同当地华人的争斗，以及到中国沿海活动的情况；对西班牙本身的历史、地理等情况都语焉不详。西班牙人因受扼于葡萄牙人，未能靠近中国沿海地带，多在吕宋岛与华人贸易。

荷兰人接踵而至，他们的活动在中国史书中记录不少，还同在澳门的葡萄牙人发生过武装冲突，但没有得手；嗣后便较多地在台湾海峡一带活动。这是17世纪的事。此处只提一笔，为的是说明到16世纪末，中国沿海将接待葡萄牙以外的来客了。

这里还需提及的是，在葡萄牙占据澳门以后，耶稣会传教士便开始到中国来了。他们不像葡萄牙人、荷兰人那样荷枪实弹而来，而是专为传播宗教而来的。葡萄牙人来中国虽然也有传播基督教的使命，但是实际活动是同中国当局办交涉，想办法做买卖，占据澳门以后，传播基督教就有了落脚点。葡据澳九年之后，耶稣会就在此设立了第一个教区。此后，意大利传教士利玛窦于1582年来华，先到澳门，第二年从澳门去端州。1594年另一意大利耶稣会传教士郭居静，字仰凤，也是经由澳门到韶州协助利玛窦的。当时葡萄牙国王手里有教皇的“圣谕”，很有权威，那时耶稣会会士东来都通过葡萄牙，利玛窦来中国前就曾谒见过葡萄牙国王。

所以，葡萄牙人就好像是其他欧洲人到中国来的探路人、先行者。那时还说不上中西文明有什么有意义的接触；就是那些零星的海上贸易对整个国家的经济生活也没有什么影响。

利玛窦是16世纪80年代来到中国的，他先用了20年的时间学习汉语，念四书、五经，借以取得接近中国上层知识界和政界的条件，为传播基督教做准备。至此，可算是有“文化交流”的意义；也从此揭开了漫长而又艰难的中西文化交流史的篇章。

这是一个伟大的历史进程——殖民的、商业的交通引向文化的交通。当哥伦布迈出第一步的时候，谁都不曾想到今后世界历史怎样写。当时的西欧已经从中世纪走出，以人文主义和理性主义为特征的新文化正在成长、资本主义作为一种新的制度正在发展，它伴随着殖民主义的扩张向世界显示力量。这是与当时中国的以儒道释为主体的政治文化和伦理文化风马牛不相及的两种无法沟通的文明。16世纪预告着中西文明必然要会面，历史正在为这件事的发生做准备。几次航海事业（包括中国的郑和等，欧洲的哥伦布、麦哲伦、伽玛等）无疑都为东西文明向碰撞点挪动起了推动作用。

中国文明和西方文明（从宗教哲学和科学开始）的会面，必定要在封闭的中国社会中产生深远影响，首先是在中国的“士大夫”阶层产生回应。利玛窦经过长达20年的准备，确立了他们“趋儒避佛”的传教宗旨，以“西儒”的面貌周旋于明王朝士大夫之间。第一批为数不多的中国“士”阶层的人在传统道学的深厚而牢固的基础上生吞活剥地接受了若干天主教义；同时，也是更加有意义的，把西方的几何、数学、天文、水利等科学知识介绍过来。徐光启、李之藻、杨廷筠等就是几个最有影响的代表。当然，欧洲的传教士们也把中国的经典著述介绍给了西方。

中西文化或中西文明的会面，及由此引起的摩擦、冲突、部分的和有条件的交融，就要曲折地开始了。由于中西文明史，它们生成的土壤、气候、环境、演变过程以及它们所包含的知性特征，各自不同，研究其中的问题将是极饶兴趣、极耐寻味的。当然这已超出了这篇文章的范围。

今天再翻回头来看，葡萄牙东航这件事也就不是个孤立的事件，而有了它的历史意义。几千年来庞大而又封闭的中华帝国从那时起已经被牵进中西交通的历史潮流里了。中国在这股大潮里姿态尽管是比较被动的，但是，它要走向世界，则是历史规定的命运；只不过当时的中国还不可能意识到这一点。同样，当时的欧洲人也不可能想到葡萄牙人的东航起了打开中西交通的始作俑者的作用。历史，是人的创造，但它却是超越人的主观意识的。

附记：这里需要说明的是，这篇文章的“乙”和“丙”两部分中的不少素材是从张维华先生《明史欧洲四国传注释》和戴裔煊先生《〈明史·佛郎机传〉笺正》中转引或摘录的；也有一些引文是根据这两本书中提供的线索从原著摘引的。总之，没有张先生的《注释》和戴裔煊先生的《笺正》，我就不可能这样顺利地找到这些资料。有了这两本力作，我所做的事便只是对材料的筛选和核正提出自己的看法而已。事实上，有关的文献资料几乎已被张、戴两位先生搜集殆尽，几乎不可能再超出他们的工作范围。不敢掠美，特做说明如上。作者识。

原载《欧洲》1994年第5期

（出自《陈乐民集》）

关于18世纪西欧天主教内有关中国礼仪之争的一个“新发现”

好长的题目！何况可能并非“新发现”，只是我个人的“新发现”。因为法国汉学家艾坚伯的书里都写了，我也看过，看来以前没有看懂。这回看明白了一些，故是“新发现”。这其间其实说明了我的“好读书，不求甚解”的老毛病。

“新发现”在于，那场争端既反映了中西文化的冲突（这是已发现的），又反映了西欧文艺复兴后的哲学斗争——“疑神”和“护神”之争。护神者在批评疑神者时正好碰上了中国的“礼仪之争”，护神者指中国儒家是“无神论者”，那时“无神论”在基督教眼里是大逆不道。于是，在批评斯宾诺莎主义的“自然神论”时，就比之于中国儒家的“无神论”。马勒伯朗士就是这样做的。马勒伯朗士只是看了龙华民的文章，就得出了一个结论，说中国的士大夫都是“无神论者”，然后再把中国士大夫都浓缩成孔夫子，于是孔夫子成了“无神论”的“总代表”，然后觉得斯宾诺莎把神和自然混在一起，很像中国的“天人合一”，斯宾诺莎就这样被比成“欧洲的孔子”了。

所以，贝尔、马勒伯朗士等通过龙华民等耶稣会会士了解中国儒家，实在是隔雾看花，用意也不是要搞清楚中国礼仪之争的两造谁是谁非，而是借以加强维护神学。十七八世纪初还是护神与反中世纪愚昧主义的疑神顶牛的时候。因此，中西之交与古今之异在欧洲也表现出来。中国的儒家，歪打正着地帮了欧洲唯物主义无神论的忙。“不知生，焉知死”，“敬鬼神而远之”，“子不语怪力乱神”等，都被看作“无神论”的箴言。而在信奉“创世说”的基督徒眼里，“无神论”就等于“不可知论”。因为神无所不知，那有什么不可知的道理呢！

还有一理：中西文化的冲突里的“中”或“西”各自都不是一体的。利玛窦把先秦哲学同宋儒区别对待，是觉得先秦哲学有可用处，而宋明理学则没有。龙华民则明确地从头到尾地加以否定。西学东渐，有的冲突，有的不一定发生冲突，要看碰上了什么具体的人和事。从西方进来的东西是“今”，与土生土长的所谓“古”要发生歧异。所以，中西之交必然引出古今之异。

本此，在龙华民、马勒伯朗士等人眼里的儒，是“今”，因为他们以前不知道有这种东西；这个“今”与古已有之的基督教神学发生了冲突。如今，这个“今”却被维护神学的人当作“反面教材”来利用了；于是在批评怀疑万能的主的斯宾诺莎主义者时说：瞧！你们都跟东方的“无神论”一样了。

我的“新发现”即在此。于是，我还想到，引进外来的东西，终是为自身服务的，或者是主观上有此动机而引进的，或者引进来以后，客观上起了为内部服务的目的。如徐光启说的“补儒易佛”。进来后当作异端来打杀，也是为自身服务的，以此来巩固自身，增益自身的抗拒力。中国的“排教”，西欧天主教的“排孔”都是。

笼统地讲中西文化交流，实在欠妥；单只讲冲突，同样太简单化。

1996年9月26日

（出自《书巢漫笔》）

徐光启、利玛窦及17世纪中西文化会通与冲突[①]

前言

1600年（明万历二十八年）徐光启与利玛窦第一次晤面，此后由相交、相识到相慕；徐光启在封闭、昏聩的明王朝任官期间，独具慧眼，思想超前，不顾物议，师从利玛窦；尤其是潜心学习科学，在政治黑暗时代点燃一盏烛光，创获之多、见识之博、眼光之远，实为中西会通之第一人，为有明一代所罕有。

自利玛窦来华以来，西士足迹络绎不绝，带来不少中土所无的文化知识和思想，至清康熙为一“高潮”。然中华帝国本质上是封闭的，对西来异质文化是拒斥的，而基督教则自

① 本文刊于《燕京学报》2007年5月第22期。

诩“万国宗教”，本质上是扩张的，于是“会通”与“冲突”并存交错。至1724年清雍正当朝乃开始了“百年禁教”，中西文化交通基本中断。

此百余年的中西文化交通史以与西欧大陆耶稣会会士交往为主线，因疏爬所见史料，列为六题，用备观览，并就教于方家。

徐光启与利玛窦

徐光启第一次见到利玛窦是在1600年（万历二十八年），徐时年三十九岁。

《跋二十五言》记：

> 昔游岭嵩，则尝瞻仰天主像设，盖从欧罗巴海舶来也。已见赵中丞吴铨部前后所勒舆图，乃知有利先生焉。间邂逅留都，略偕之语，窃以为此海内博物通达君子矣。亡何，斋贡入燕，居礼宾之馆……[1]

逾三年，徐在南京皈依天主教，时利玛窦不在，主持教务

---

① 《徐光启集》，王重民辑校，上海古籍出版社，1984年，页86。

的是郭居静和罗如坚，教名“保禄”。领洗后返沪。

至此以前，徐一直在乡教书，已二十年。此时已积手稿不少，如：《毛诗六帖》《渊源堂诗艺》《芳蕤堂书艺》《四书参同》《子书辑》《子史摘》《方言转注》《语类》《塾书政》《二十四则古》《读书算》《赋囿》《制汇》《书法集》《草书类》等。大部已佚。可见徐氏除操农田水利不算，其国学的修养是十分正规的。至不惑之年始识耶教，此为徐氏一生之转折点。

其后在北京师从利玛窦。利到京后，“自是四方人士，无不知有利先生者，诸博雅名流，亦无不延颈愿望见焉。稍闻其绪言余论，即又无不心悦志满，以为得所未有。而余亦以间游从请益，获闻大旨也……”①

这时，随利氏来京的庞迪我撰《七克》，杨廷筠、曹于汴、郑以伟等作序，据《行实》，徐光启虽为之笔削，并撰《克罪七德箴赞》。依《年谱》，庞作《七克》系于1604年，方豪著庞传，庞氏著《七克》是在1614年。方论是。

英敛之（《大公报》创办人）作《万松野人言善录》，其中一节题《再论入手工夫》，绍介庞氏《七克》云：

---

① 《徐光启集》，王重民辑校，上海古籍出版社，1984年，页87。

野人（即英氏）用心细想生平所见的各书，以修德改过当作性命交关的，莫过于《七克》一种。这种是明季西班牙人庞迪我所作，推论人性下份的私欲七罪：为傲、为妒、为贪、为忿、为饕、为淫、为怠，复推论人性上份的彝良七德：以谦伏傲，以仁平妒，以施解贪，以忍息忿，以淡塞饕，以贞防淫，以勤策怠。……以七德克七罪，故曰《七克》。当时的士大夫赞为语语刺骨、字字透心，其痛切也可想见了。[①]

这里的士大夫自然包括曾为之笔削的徐光启。英敛之还说，这本书"文字简古，大类周秦子书"，若不是有人修改润色，庞氏是不可能写出来的。

1604年（万历三十二年）11月撰《拟上安边御虏疏》，详及边防有备无患之旨，并提出要"务农贵粟"的重农、利农的思想。

1605年（万历三十三年）在翰林馆所撰课艺收于《新刻甲辰科翰林馆课》者有文十三篇。其中数文颇可代表徐光启的

① 《中国天主教史人物传》，方豪著，中华书局据香港公教真理学会、台中光启出版社，1970年影印，页139—140。

思想。

第一篇《与友人辩雅俗书》，“友人”是谁？不可考。这篇文章表明徐尊崇传统儒学，而且是以“尧舜周孔”以来进取、入世的精神为本的。“友人”则是信奉释道的超逸、虚空之道的。兹摘抄如下几段：

> 仆所持者尧舜周礼以来相传矩矱而已。足下之辩，实祖称老庄，近取释氏之以济其胜……尧舜周礼之教询不如老庄释氏之高奇而可喜耶？
>
> 凡古之圣贤所以绸缪其文章礼法，使人少而习，长而安，劳苦其筋骨，而检束其形骸，足下视之以为樊笼羁络而不能一日安者，皆天下所为由之则治，失之则乱者也。举天下之人，不能一人一日离之，以为世道，故曰达道也，达道者雅道也。凡后之人所为，倦于劳而思佚，倦于检而思通，倦于羁而思骋，无论奔趋嗜味，即等而上之，至于足下所谓独绝之教，希有之法，然其大归亦无非厌修求悟、厌渐求顿而已。

徐认为老庄释氏思想“不托飞驰而致千里，不由舟楫而渡孟津”，“听其言洋洋满耳，然使一人习之则损一人之志，一日效之则废一日之功”。徐进一步说：

举天下相生相养之事，人伦日用之业一切屏绝之，又使人人效而为之，足下且以为可能乎？如以为不可人人而能，独一二高致之士能之，则又事之不可以为经常者也。

人要穿衣、吃饭，就必须从事经济生产，这是超脱不得的。所以：

信如足下之论，果能高飞远举，不在人间者，亦非仆所敢稽也。若犹居四民之列，在五常之中，则无一人可以不操国事，无一日可以不居业，固无庸论于雅俗；虽俗亦难得而辞矣！①

这一篇文章充分地反映了徐的思想属于进取的、创业的传统儒家思想，不仅与释老相悖，与王阳明的“致良知”也不合。此时他已皈依天主教，但他从中汲取的是有利于、不与抵牾的因素，徐光启的骨子里仍是“儒”。

① 本页引文见《徐光启集》，页505—508。

另一文《赤子之心与圣人之心若何解》讲“赤子之心和圣人之心”是一致的：

> 天至虚故能灵而神，天至静故能动而化，赤子者近于天而畸于人，故能圣而不可知。六经之言圣德也，详其要归于无欲，无欲者人性之常，无欲者天性之初，率其常，复其初，是谓圣人，与孟氏之旨一而已矣。欲学圣人者如之何？必自去欲始，去欲必自主敬始；敬则自然专一，专一则自然虚静，虚静之极，自能变动不居，周游六虚，是谓作圣，是谓保赤子之心。[①]

这段话里既有孟子之言赤子之心，也有老子的“见素抱朴，少思寡欲”，自然也与庞迪我的《七克》相通。

《为之自我者当如是论》则是强调人的主观能动作用，认为“人力或有未尽，而天意或有所未定；人苟尽矣，天必从之”。他说：

> 孔子之不遇，所用者弱鲁也；孔明之不克，以炎祚兴，

① 《徐光启集》，页510。

其所当者孱主也，其所值则又周汉之未造也。藉令生当景运，弼谐神圣之主，一圣一贤，其所成就讵可量？或先难后易，或始揆终合，要以格天之勋，方之禹稷伊尹，其揆一也。夫惟为禹稷伊尹而后可称尽其在我，亦惟如仲尼孔明而后可委之天人运命，故尝隳栝古今天人之际而为之言曰：人事尽天意合者什九，禹稷之下是也；人事尽天意违者什一，孔子而下是也；若夫人事之不尽而求天意之合，此则万不得一，古今无之有也。[1]

从这几篇文章可以看出，徐光启是忠于中国传统法统的。主要还是“儒”。是以“儒”近“耶”，或化“耶”为“儒”。揆诸老一辈之皈依西教者，鲜有不如是者。

此顷，徐光启的注意力主要是在农田水利方面。长达八千多言的《漕河议》即修于是年。

从1606年（万历三十四年）秋与利玛窦谈及格物及几何学问题起，徐氏与西士之交率多偏重于经世致用的科学方面。这是徐氏与包括利玛窦在内的西士们相交中最有价值的方面，与徐氏的进取为国的精神完全契合。徐氏与西士的友谊亦多

① 《徐光启集》，页512—513。

建筑在这个方面，因而对于传教士们讲的宗教道理也就更容易听得进。利玛窦向他讲述欧几里得《几何原本》（***Elements of Euclid***），口授利氏数学老师克拉维斯（Clavius，拉丁文意为“钉”，利氏即译称丁先生）的讲义，徐光启因以笔录。在讲授时，利、徐二人“反复展转，求合本书之意”。第二年刻成前六卷。

徐光启《刻几何原本序》记其事云：

> 《几何原本》者度数之宗，所以穷方圆平直之情，尽规矩准绳之用也。利先生从少年时，论道之暇，留意艺学。且此业在彼中所谓师传曹习者，其师丁氏，又绝代名家也，以故极精其说。而与不佞游久，讲谭余暑，时时及之，因请其象数诸书，更以华文。独谓此书未译，则他书俱不可得论，遂共翻其要。[①]

《几何原本杂议》云：

> 此书为用至广，在此时尤所急需，余译竟，随偕同好

---

① 《徐光启集》，页75。

者梓传之。利先生作序，亦最喜其亟传也。[①]

所谓“同好者”，盖指杨廷筠、李之藻、叶向高、冯应京、曹于汴等人。徐《刻同文算指序》记有与李之藻探讨数学事云：

> 既又相与从西国利先生游，论道之隙，时时及于理数。其言道言理，既皆返本蹠实，绝去一切虚玄幻妄之说；而象数之学亦逆源承流，根附叶着，上穷九天，旁该万事，在于西国胶庠之中，亦数年而学成者也……惜余与振之（即李之藻）出入相左，振之两度居燕，译得其算术若干卷，既脱稿，余始间请而共读之、共讲之，大率与旧术同者，旧所弗及也；与旧术异者，则旧所未之有也……振之因取旧术斟酌去取，用所译西术骈附，梓之，题曰《同文算指》。[②]

1607年（万历三十五年）开始根据利玛窦的口述翻译《测量法义》，《题测量法义》略谓：

① 《徐光启集》，页77。

② 同上书，页80—81。

> 西泰子（利玛窦）之译测量诸法也，十年矣。法而系之义也，自岁丁未始也（丁未，即万历三十五年）。曷待乎？于时《几何原本》之六卷始卒业矣，至是而后能传其义也。[①]

《测量法义》译完后，接着撰成《测量异同》。《年谱》称："盖因《九章算法》述及测量数则，其'法'略同于《测量法义》而缺其'义'，学者不能识其所由，故撰此书。"（《年谱》，页88）同此时间，还撰写了《勾股义》，其序云：

> 自余从西泰子译得《测量法义》，不揣复作《勾股》诸义，即此法，底里洞然。于以通变施用，如伐材于林，挹水于泽，若思（若思，元代数学家郭守敬）而在，当为之抚掌一快已。[②]

徐光启还曾向利玛窦请教过西方水利之法。徐氏从青年时起就对水利很有兴趣，利玛窦向他述及西法，使他颇感受

---

① 《徐光启集》，页82。

② 同上书，页84。

益。《泰西水法序》略述如下：

昔与利先生游，尝为我言："薄游数十百国，所见中土土地人民，声名礼乐，实海内冠冕，而其民顾多贫乏，一遇水旱，则有道殣，国计亦诎焉者，何也？身被主上礼遇隆恩，恩得当报。顾已久谢人间事矣，筋力之用，无所可效。有所闻水法一事，象数之流也，可以言传器写，倘得布在将作，即富国足民，或且岁月见效。私愿以此为主上代天养民之助，特恐羁旅孤踪，有言不信耳。"余尝留意兹事二十余年矣（此序约成于1607年），询诸人人，最多画饼。骤闻若言，则唐子之见故人也；就而请益，辄为余说其大旨，悉皆意外奇妙，了非畴昔所及。[1]

其间，徐光启也关心"历学"。"前此，李之藻从利玛窦问学，会通'中历'，撰《浑盖通宪图说》。在写作过程中，每资公（徐光启）参订。"[2]

利玛窦著《畸人十篇》，于1608年（万历三十六年）付

① 《徐光启集》，页66—67。

② 《徐光启年谱》，梁家勉编著，上海古籍出版社，1981年，页85。

刻。这本书取问答体以儒家学说解释天主教义。其中第三、第四两篇记利、徐的对话。

利玛窦于1610年（万历三十八年）病逝于北京。从利、徐于1600年第一次见面起交游凡十年。他们交往的内容择其要者大体如上。

徐光启与熊三拔

熊三拔试制“简平仪”，曾受到利玛窦的嘉许。1611年（万历三十九年）秋，徐光启经其口述成书，名《简平仪说》，徐序其事曰：

> 是仪，为有纲熊先生所手创，以呈利先生，利所嘉叹。偶为余解其凡，因手受之，草次成章，未及详其所谓故也。若其言革也，抑亦文豹之一斑矣。熊子以为少，未肯传，余固请行之，为言历嚆矢焉。[①]

可见明代引进西方历法，从此开始。又据《年谱》载：“在京外籍教士龙华民、熊三拔、庞迪我所任传教

① 《徐光启集》，页74。

事，‘多棘手’，惟皆‘精历数’。公与李之藻等每协助之。所刊行书，‘多为公（所）修饰！’”①

前述徐光启曾从利玛窦学西洋水法，利逝后从熊三拔习，1612年（万历四十年）完成，就所笔记编为《泰西水法》六卷。《泰西水法序》记其事云：

（利死后）间以请于熊先生，唯唯者久之，察其心神，殆无吝色也；而顾有怍色。余因私惴焉：无吝色者，诸君子讲学论道，所求者，亡非福国庇民，矧兹土苴以为人，岂不视犹敝屣哉！有怍色者，深恐此法盛传，天下后世见视以公输墨翟，即非其数万里东来，捐顶踵，冒危难，牖世兼善之意耳。辄解之曰：人富而仁义附焉，或东西之通理也。道之精微，极人之神；事理粗迹，极人之形，并说之，并传之，以俟知者，不亦可乎？先圣有言：“备物致用，立成器以为天下利，莫大乎圣人。”器虽形下，而切世用，兹事体不细已。且窥豹者得一斑，相剑者见若狐甲而知钝利，因小识大，智者视之，又何遽非维德之隅也？先生复唯唯。都下诸公闻而亟赏之，多募巧工，从受其法。器成，即又

① 《徐光启年谱》，页97—98。

人人亟赏之。余因笔记其说，实不文。然而诸公实有心于济物，以命余，其可辞？抑六载成言，亦以此竟利先生之志也。[1]

按，《泰西水法》并收入《天学初函》和《四库全书》子部“农家类”，明刻本题：“泰西熊三拔撰说，吴淞徐光启笔记，武林李之藻订正。”除有徐光启作序外，还有曹于汴、郑以伟所作序。曹序曰：

太史玄扈徐公，轸念民隐，于凡农事之可兴，靡不罗。阅泰西水器，及水库之法，精巧奇绝，译为书而传之；规制具陈，分秒有度，江河之水，井泉之水，雨雪之水，无不可资为用，用力约而收效广。盖肇议于利君西太，其同侪共终厥志；而器成于熊君有纲，中华之有此法自今始。[2]

这些材料说明徐光启与耶稣会会士交往，最吸引他的是对国计民生有利的经世致用之学，熊三拔则显得“有怍色”，据

① 《徐光启集》，页67—68。
② 见《中国天主教史人物传》，页171。

徐光启揣度是怕因此影响了“牖世兼善”的正业，即传教。

徐光启为什么要研究历法、水利，在他彼时致亲家翁的书信中叙述得很生动：

> 夙昔多疾疢，至今始衰，更非畴昔。昨岁偶以多言之故，谬用历法见推，初意亦知其难，第此事三百年来，无人讲究，如偶有所见，而复尔推委，似非古人进不限贤之义，是故有相谘问者，不敢不竭尽底里。自后又不得不向此中一研究，而精力未及，又无佐史可分，益会百事都废。自惟欲遂以此毕力，并应酬文墨一切摒除矣。何者？今世作文集至百千万言者非乏，而为我所为者无一有；历虽无切于用，未必更无用于今之诗文也。况弟辈所为历算之学，渐次推广，更有百千有用之学出焉。如今岁偶尔讲求数种用水之法，试一为之，颇觉于民事为便。今为二三相知所迫，已付梓人，尚未及卒业请教耳。[①]

“已付梓人”的书即《泰西水法》。信中还说：“弟年来百端俱废者，大半为此事所夺。然此事毕竟浩涉，非有同

---

① 《徐光启集》，页497—498。

志同业数辈，益以书佐，未易得了。弟姑为所得为，以俟其人。”（《徐光启集》，页497—498）

译完《泰西水法》后，又与熊三拔“制天盘、地盘（简平仪）、定时衡尺、璇玑玉衡等器，皆时人所未睹”。朝臣之守旧者，对徐“啧有烦言”①。其时，“与同官魏南乐不协，移病归，田于津门”（《罪惟录·徐光启传》）。此值万历四十一年（1613年），同年十月十一日请病假回里。这一年徐光启五十二岁。

1616年，“南京教案”事起，熊三拔等被押解离境。

徐光启与“南京教案”

1616年（万历四十四年），礼部侍郎署南京礼部尚书沈漼的三次奏疏列出四条谴逐传教士的理由：

第一，认为教士们扰乱了中国的道统：

职闻帝王之御世也，本儒术以定纪纲，持纪纲以明赏罚，使民日改恶勤善，而不为异物所迁焉。此所谓一道同风，正人心而维国脉之本计也。以太祖皇帝长驾远驭，九流率职，

① 《徐光启年谱》，页105。

四夷来王，而犹谆谆于夷夏之防，载诸祖训，及会典等书。凡朝贡各国有名，其贡物有数，其应贡之期，给有勘合。职在主客司。其不系该载，及无勘合者，则有越渡关津之律，有盘诘奸细之律。至于臣部职掌，尤严邪正之禁。一处左道乱正，佯修善事，煽惑人民者，分其首从，或绞或流。其军民人等，不问来历，窝藏接引，探听境内事情者，或发边充军，或发口外为民，律至严矣。夫岂不知远人慕义之名可取，而朝廷覆载之量，可以包荒而无外哉？正以山川自有封域，而彼疆我理，截然各止其所，正王道之所以荡平，愚民易与为非，而抑邪崇正，昭然定于一尊，乃风俗之所以淳厚。故释道二氏，流传既久，独与儒教并驰，而师巫小术，耳目略新，即严绝之，不使为愚民煽惑；其为万世治安计，至深远也。（见《破邪集》卷一《南宫署牍》，页 5—10）

第二，说耶稣会会士图谋不轨：

然闾左小民，每每受其簧鼓，乐从其教者。闻其广其赀财，量人而与，且曰天主之教，如此济人，是以贪愚之徒，有所利而信之，此其胸怀叵测，尤为可恶者。齐之田氏，为公私二量：公量大，家量小，以家量贷民，而以公量收之，以收民心，卒顷齐国，可以炯鉴。刘渊入太学，名士皆让其学识，然而冠晋者，刘渊也。王夷甫识石勒，张九龄阻安禄山，其言不行，竟为千古永恨。有忠君爱国之士者，宁忍不警惕于此，猥云远夷慕义，而引翼之，崇奖之，俾生其羽毛，贻将来莫大之祸乎？（见《破邪集》卷一《南宫署牍·参远夷疏一》，页5—10）

但使上引异数，非有阴谋，何故于洪武冈王气所钟，辄私盘踞？又何于孝陵卫寝殿前，擅造花园？皇上试差官踏勘，其所盖无数梁殿，果于正阳门，相去几里。是否缘城近堞，踪迹可疑。（《破邪集》卷一《南宫署牍·参远夷疏三》，页14—17）

臣近又细询闽海士民，识彼原籍者云，的系佛狼机人，其王丰肃原名巴里狼当。当年同其党类，诈称行为主教，欺吕宋国主，而夺其地，改称大西洋。然则闽粤相近，一狡夷尔，有约八万里之遥。臣虽未敢即以此说为据，然而伏戎于莽，为患叵测。总之根本重地，必不可一日不防也。（《破邪集》卷一《南宫署牍·参远夷疏三》，页14—17）

第三，西洋历法变乱中国纲纪：

说者又谓治历明时之法，久失其传，台监推算渐至差忒，而彼夷所制窥天窥日之器，颇称精好。以故万历三十九年，曾经该部具题，欲将平素究心历理之人，与同彼夷，开局翻译。呜呼：则亦不思古帝王大经大法所在，而不知彼之妖妄怪诞，所当深恶痛绝者，正在此也……是举尧舜以来，中国相传纲纪统纪之最大者，而欲变乱之，不异乎此为奉若天道乎？抑亦妄干天道乎？以此名曰若慕义而来，此为归顺王化乎？抑亦暗伤王化乎？夫使其所言天体，此为奉若中国，臣犹虑其立法不同，推步未必相合，而况证妄不经若此，而可据以纷更祖宗钦定，圣贤世守之大统历法乎？（《破邪集》卷一《南宫署牍·参远夷疏一》，页5—10）

按，万历三十九年，公元1611年，徐光启根据熊三拔口述，成《简平仪说》，并为之序。同年，徐撰《平浑图说》《日晷图说》《夜晷图说》。协助龙华民、熊三拔、庞迪我写书的还有李之藻等。

第四，西士教人不祭祖先，使人不孝不悌：

臣又闻其诳惑小民，辄曰祖宗不必祭祀，但尊奉天主，可以升天堂，免地狱。夫天堂地狱之说，释道二氏皆有之。然以之劝人孝悌，而示惩夫不孝不悌造恶业者，故亦有助于儒术耳。今彼直劝人不祭祀祖先，是教之不孝也。由前言之，是率天下而无君臣；由后言之，是率天下而无父子。何物丑类，造此矫诬！盖儒术之大贼，而圣世所必诛，尚可蚩蚩然驱天下而从其说乎？（《南宫署牍·参远夷疏一》，页 5—10）[①]

沈漼上第一疏后，徐光启于1616年（万历四十四年）7月上《辨学章疏》，全面陈述他对耶稣会会士的看法。对于了解徐光启在吸收了天主教教义后的伦理道德观来说，这是一份最有价值的文献。首先讲上疏的起因，是因为沈漼的第一疏攻击了西士，并且影射了徐光启等与西士保持着密切联系的人：

臣见邸报：南京礼部参西洋陪臣庞迪我等，内言："其说漫淫，即士大夫亦有信向之者。"一云："妄为星官之言，

① 以上俱转引自张维华《晚学斋论文集》，齐鲁书社1986年版页496—499。

士人亦堕其云雾。”曰士君子，曰士人，部臣恐根株连及，略不指名，然廷臣之中，臣尝与诸陪臣讲究道理，书多刊刻，则信向之者臣也。又尝与之考求历法，前后疏章具在御前，则与言星官者亦臣也。诸陪臣果应得罪，臣岂敢幸部臣之不言以苟免乎？

徐氏此言，说得光明磊落，灼然有一股正气。接下来陈述耶稣会会士们在华的表现：

然臣累年以来，因与讲究考求，知此诸臣最真最确，不止踪迹心事一无可疑，贵皆圣贤之徒也。且其道甚正，其守甚严，其学甚博，其识甚精，其心甚真，其见甚定，在彼国中亦皆千人之英，万人之杰。所以数万里东来者，盖彼国教人，皆务修身以事上主，闻中国圣贤之教，亦皆修身事天，理相符合，是以辛苦艰难，履危蹈险，来相印证，欲使人人为善，以称上天爱人之意。其说以昭事上帝为宗本，以保救身灵为切要，以忠孝慈爱为工夫，以迁善改过为入门，以忏悔涤除为进修，以升天真福为作善之荣赏，以地狱永殃为作恶之苦报，一切戒训规条，悉皆天理人情之至。其法能令人为善必真，去恶必尽，盖所言上主生育拯救之恩，赏善罚恶之理，明白真切，足以耸动人心，使其爱信畏惧，发于繇衷故也。

徐光启认为耶稣会士宣扬的道理不仅与中国的传统圣贤之道不相抵牾，且有“补儒易佛”之功，使古圣贤之道能够实行：

臣尝论古来帝王之赏罚，圣贤之是非，皆范人于善，禁人于恶，至详极备。然赏罚是非，能及人之外行，不能及人之中情。又如司马迁所云：颜回之夭，盗跖之寿，使人疑于善恶之无报，是以防范愈严，欺诈愈甚。一法立，百弊生，空有愿治之心，恨无必治之术，于是假释氏之说以辅之。其言善恶之报在于身后，则外行中情，颜回盗跖，似乎皆得其报。谓宜使人为善去恶，不旋踵矣。奈何佛教东来千八百年，而世道人心未能改易，则其言似是而非也。说禅宗者衍老庄之旨，幽邈而无当；行瑜伽者杂符录之法，乖谬而无理，且欲抗佛而加于上主之上，则既与古帝王圣贤之旨悖矣，使人何所适从、何所依据乎？必欲使人尽为善，则诸陪臣所传事天之学，真可以补益王化，左右儒术，教正佛法者也。

徐光启对释道的批判，与利玛窦是一致的，对“儒术”“王化”则是奉为正宗道统的，使儒耶结成了“联盟”。徐认为，老庄“幽邈无当”，佛教“乖谬无理”，都不利于古帝王圣贤之道的弘扬。徐对于王阳明的心学似未涉及，利玛窦则是明确地不赞成的。徐尚儒尚耶，都从经世致用出发，要有利于国。徐是务实的、进取的。空邈无边、消极出世的道理，徐光启根本不能接受。他在《辨学章疏》中提出三种考验他的陈说是否可信的办法，以与沈㴶等辩证。

第一法是把著名的西士召到北京，帮助他们翻译“西来经传”，“凡事天爱人之说，格物穷理之论，治国平天下之术，下及历算、医药、农田、水利等兴利除害之事”都一本本写成书，然后让大臣们一起评定是非，如果发现有“叛常拂经，邪术左道”者，立即加以“斥逐”，徐光启亦愿受“扶同欺罔”之罪。

第二法是让耶稣会士和有名僧道互相辩驳，由儒学之臣来评审，如发现西士中有“言无可采，理屈辞穷”者，也加以“斥逐”，徐也承当罪责。

第三法，如果译书较难，可以命令西士们把教中大义，写成一本摘要，与已经译为中文的书一并送审。“如其踳驳悖理，不足劝善戒恶，易俗移风”，也予“斥逐”，徐也同其罪。

此外，徐光启还提出一些对耶稣会会士和教徒的管理、登记等处置办法。三年考察一次，多善行者给以嘉奖，违犯律条者据情罚治[①]。

这个章疏送上后，御批“知道了”。徐光启没有能阻止住“南京教案”。沈漼第二次上疏后，在方从哲（时为礼部尚书兼东阁大学士）和魏忠贤的支持下于八月三十一日派兵包围南京教堂，王丰肃、谢务禄等被捕。同年十二月十八日，皇帝谕旨，将在北京的庞迪我、熊三拔和南京的王丰肃、谢务禄一同押解出境。庞、熊二人被护送澳门，次年去世。王丰肃改名高一志，潜入山西；谢改名曾德昭，潜入浙江、江苏一带。当时在北京的龙华民、毕方济，没有被点名，曾隐居在徐光启家里。李之藻时在高邮任道台，杨廷筠时在杭州，已被任命为河南按察司副使。他们和徐光启一样努力保护耶稣会会士。当时在杭州杨家避难的有郭居静、艾儒略、金尼阁、毕方济、龙华民、史惟贞等。

徐光启八月家书记“南京教案”略云：

---

① 《徐光启集》，页431—436。

> 西洋先生被南北礼部参论，不知所由，大略事起于南，而沈宗伯又平昔称通家还往者，一旦反颜，又不知其由也。遽云为细作，此何等事，待住京十七年方言之。皇上藐若不闻，想已洞烛。近日又闻近侍云，西方贤者如何有许多议论？内侍答言，在这里一向闻得他好，主上甚明白也。

又说：

> 南京诸处移文驱迫，一似不肯相容。杭州谅不妨。如南京先生有到海上者，可收拾西堂与住居也。[①]

围绕“南京教案”可看出一个当时的政治斗争的背景。即魏党与东林党的斗争。沈漼曾是江南名僧莲池和尚（朱袾宏）的弟子，莲池和尚与辟佛的利玛窦曾有过争论，这是宗教的斗争。同时沈又是依附魏党的，因此沈反耶教有政治上的靠山。徐、李、杨都与东林有联系，曾在东林书院讲过学，是受到对天主教有好感的东林人叶向高的支持的。叶向高出任宰相后革

① 《徐光启集》，页492。

了沈漼的职，“南京教案”才结束。这是东林势盛的时候。

利玛窦的“儒学”

利玛窦来华后用了二十年的工夫学习汉语和中国经典，有“西儒”之称。其目的在于以此来接近中国的士大夫，这样就可以比较容易地传播基督教义。这是中外学者都有相似的认识的。从哲学思想体系上讲，是并没有什么“通感”的。利玛窦求同于儒，也只是在中国经典中时常发现“上帝”一词上，而全然不管中国古籍中的“上帝”与耶教创世说之“上帝”并不是一回事。

方豪对于利玛窦的汉学功底做过一些归纳。李日华《紫桃轩杂缀》载：

> 居广二十余年，尽通中国语言文字。……见人膜拜如礼，人亦爱之，信其为善人也。……年已五十余，如二三十岁人，盖远夷之得道者，汗漫至此，已不复作归计。

此处之所谓“得道”，即泛指得了“儒道”。

另引陈侯光《辨学刍言》曰：

近有大西国夷，航海而来，以事天之学倡，其标号甚尊，其立言甚辨，其持躬甚洁。辟二氏而宗孔子。世或喜而信之，且曰圣人生矣。

另，谢肇淛《五杂俎》亦有云：

天主国在佛国之西，其人通文理，儒雅与中国无别。有利玛窦者，自其国来，四年方至广东界。……其书有《天主实义》，往往与儒教互相发明，而于佛老一切虚无若空之说，皆深诋之。余甚喜其说为近于儒，而劝世较为亲切，不似释氏动以恍惚支离之语，愚骇庸俗也。与人言恂恂有礼，词辩扣之不竭，异域中亦可谓有人也已！

而所谓“与儒教互相发明”者，其实主要就是利氏在中国典籍中找到了“上帝”这个字，于是强作比附。《天主实义》上卷第二篇云：

吾天主乃古经书所称上帝也。《中庸》引孔子曰：“郊社之礼，所以事上帝也。”朱注曰：“不言后土者，省文也。”窃意仲尼明一之不可以为二，何独省文乎？《周颂》

曰："执竞武王，无竞维烈，不显成康，上帝是皇。"又曰："于皇来牟，将受厥明，明昭上帝。"《商颂》云："圣敬日跻，昭假迟迟，上帝是祇。"《雅》云："维此文王，小心翼翼，昭事上帝。"《易》曰："帝出乎震。"夫帝也者，非天之谓，苍天者抱八方，何能出于一乎？《礼》云："五者备当，上帝其飨。"又云："天子亲耕，粢盛秬鬯，以事上帝。"《汤誓》曰："夏氏有罪，予畏上帝，不敢不正。"又曰（实应为《汤诰》——陈注）"惟皇上帝，降衷于下民，若有恒性，克绥厥猷惟后。"《金滕》周公曰："乃令于帝庭，敷佑四方。"上帝有庭，则不以苍天为上帝可知。历观古书，而知上帝与天主，特异以名也。[1]

我想，利玛窦身边一定有个"资料员"，把有"上帝"字样的地方都摘下来，凑在一起。利氏在这里特意说，"上帝有庭，则不以苍天为上帝可知"。其实，中国古书里的"上帝"恰恰指的就是这个有很大精力威力的苍天。或者是众神的统称。《国语·周语》："昔我先王之有天下也，规方千里以为甸服，以供上帝山川百神之祀，以备百姓兆民之用，以待不庭

---

① 《中国天主教史人物传》，页74、75。

不虞之患。”韦昭有注云：“上帝，天神五帝也。山川，五岳河海也。百神，丘陵坟衍之神也。”所以，中国古籍里的“上帝”与利氏的“上帝”其解不一，是勉强求同的。

利氏求同于儒的另一点是具有普遍意义的伦理规范。“儒家这一教派的最终目的和总的意图是国内的太平和秩序。他们也期待家庭的经济安全和个人的道德修养。他们所阐述的箴言确实都是指导人们达到这些目的的，完全符合良心的光明与基督教的真理。”①

除去这两点——上帝和伦理规范，利氏对于宋明理学是很不以为然的。可见利玛窦之于儒家是“厚古薄今”的，因为古之儒威胁不着天主教，古文之简朴每每可以容许做多种解释，可以“打马虎眼”。若把中国古书中的“上帝”经译为“God”，把“天”经译为“Heaven”，利玛窦是不会看出“God”与“Heaven”本是同一概念，而中国之“上帝”与“天主”只是“特异以名”而已。至于新理学出现了“太极”，出现了“理”，到王阳明又有了“心”“性”之学，其思辨性又那么强，就很可能使万物源于“创世”之说受到质疑。所以《天主实义》说：“但闻古先君子，敬慕于天地之主

① 《利玛窦中国札记》，北京：中华书局，1983年，页104。

宰，未闻有尊奉太极者。”又曰：“太极之解，恐难谓合理也。吾视夫无极而太极之图，不过取奇偶之象言，而其象何在，太极非生天地之实可知已。”又曰：“若太极者止解之以所谓理，则不能为天地万物之原矣。盖理亦依赖之类，自不能立，曷立他物哉？”又曰：“理无灵无觉，则不能生灵生觉。”

后来的龙华民、艾儒略继续发挥《天主实义》，批判“理学”。如艾儒略《万物真原》说：“理也，道也，皆虚字耳，何以能生物乎？”光看这一句，人们以为艾先生是个“唯物主义者”。然而，“生物之理，自不能生物，而别有造物之主无疑矣”（《三山论学纪》）。至此，耶稣会会士反驳“理学”已很明白了，因为在他们看来“理”竟代替了“造物主”，直接威胁了“创世说”。“理学”虽然是“唯心主义”的，但是它有代表无神论削弱天主教影响的危险。因为物是“造物主”造的，而不是“理”造出来的，一切都归诸“心”“性”“理”，便陷入了“无神论”，造物主就没有地位了。耶稣会士以传播天主教义为本职，守住“创世说”是最根本的。

近人张维华却不认为基督教与理学的分歧有那么严重。他认为“理学家与基督教之思想虽殊，然其求认识宇宙间本体，辨明真理与至善并使人类如何修行，方可达于至善，其目的则一。故二者学说虽殊，却同具一种宗教意味之思想”[①]。张维华将理学和基督教在深层中打通了，或者说在“目的”上打通了。然而在哲学上毕竟是两路。

耶稣会之摒斥佛老，同一道理。理学崇尚灵明，以为灵明可生万物，佛老则以无为天地万物之源。从本体论上讲，佛老都以“无”为宇宙本体。且佛自其崇拜之偶像，与认为天为创造万物之灵体自然抵牾。明时，佛家传播已广，儒道释已在人们的意识中打通。冯友兰先生有云：“我们可以说，新儒家比道家、佛家更为一贯地坚持道家、佛家的基本观念。他们比道家还要道家，比佛家还要佛家。”天主教的传入自要向佛教夺取信徒，耶佛之争自不可避免。

晚明佛教徒中首先攻击天主教者以虞淳熙为最著。虞氏字德园，自幼崇佛。后有翁太守者竟然找到这位佛教徒代利玛窦请为《畸人十篇》作序。虞居然写了一篇，其中有许多攻讦天主教的话，所以这个“序”文没有刊入《畸人十篇》，而收进虞著《德园集》。其间，虞氏给利玛窦写了一封信，劝他多读佛书。信收进利玛窦的《辨学遗牍》里。其言曰：

① 《晚学斋论文集》，张维华著，页163。

不佞熙，陈留人也。越故有蛮夷之虞，而不佞自陈留徙越，称中国之虞，越人君子，数为不佞言“利西泰先生，非中国人也，然贤者也。又精天文方技握算之术”。何公露少参得其一二，欲传不佞。会病，结轖眩瞀，不果学，亦不果来学，时时神往左右，恍若交矣。既而翁太守周野，出《畸人十篇》，令序弁首。惭非玄晏，妄讥玄白，负弩播粃，聊尔前引，故当转克醯鸡障耳。不佞生三岁许时，便知有三圣人之教，声和影随，至今坐鼎足上不得下。侧闻先生降神西域，渺小释迦，将无类我鲁人之诋仲丘东家丘，忽于近也。及读天堂地狱短长之说，又似未緍其书，未了其意者。岂不闻佛书有云“入无间地狱，穷劫不出，他化自在天寿，一昼夜为人间一千六百岁”乎？推此而论，宁有定瞩。夫不全窥其秘，而辄施攻具，舍卫之坚，宁遽能破。敢请遍阅今上所颁佛藏，角其同异，摘其瑕衅，更出一书，悬之国门，俾左袒瞿昙（亦作乔达摩，梵语，其义为甘蔗。佛之先世本姓瞿昙，故世称佛为瞿昙——陈注）者，恣所弹射，万一鹄无饮羽，人徒空蔙，斯非千古一快事也？见不出此，仅出谀闻，资彼匿笑，一何为计之疏也。藉令孜孜汲汲，日温时习，无暇尽阅其书，请先阅《宗镜录》

《戒发隐》，及《西域记》《高僧传》《法苑珠林》诸书，探隐稽实，亦足开声罪之端。不然者，但曰“我国向轻此人，此人生处，吾尽识之”，安知非别一西天，别一释迦，如此间三邹二老，良史所不辨者乎？古今异时，方域辽邈，未可以一人之疑，疑千人之信也。原夫白马东来，香象西驾，信使重译，往来不绝，一夫可欺，万众难惑，堂堂中国，贤圣总萃，谓二千余年之人，尽为五印诸戎所愚，有是事哉？兹无论其人之轻重，直议其书之是非，象山阳明，传灯宗门，列俎孔庙，其书近理，概可知矣。且太祖文皇，并崇刹像，各卿察相，咸峙金汤，火书庐居，谭何容易。幸无以西人攻西人，一遭败衂，教门顿圮，天有主灵，宁忍授甲推毂于先生，自隳圣城失定吉界耶？不佞固知先生奉天之戒，坚于金石，断无倍师渝盟之理。第六经于史，既是取征，彼三藏十二部者，其意与先生合辙，不一寓目，语便相袭，讵知读《畸人十篇》者，掩卷而起曰“了不异佛意”乎？辽豕野芹，窃为先王不取也。嗟乎！群生蠕蜷，果核之内，不知有肤，安知有壳？况复肤壳外事，存而不论，是或一道，惟焉先生择焉。倚枕腾口，深愧谦占，穹量鸿包，应弗摽外。主臣主臣。

虞淳熙这封信既是对利玛窦辟佛的应战，也是对天主教义的挑战。争论应是利玛窦的《畸人十篇》引起的。这位翁太守也实在“官僚主义”得可以，居然找上这位自幼崇佛的人去为辟佛的《畸人十篇》作序。虞某人这封信咬文嚼字，故作古意，我怀疑利玛窦只能粗通，总可以感到天主教义与中国佛学势不两立。

利玛窦的复信用语是比较客气的，亦收入《辨学遗牍》中。其言曰：

> 窦西陬鄙人，弃家学道，泛海八万里，而观光上国，于兹有年矣。承士君子不鄙，进而与言者，非一二数也。然窦于象纬之学，特是少时偶所涉猎，献上方物，亦所携成器，以当羔雉，其以技巧见奖借者，固非知窦之深者也。

利玛窦还说，东来是为了就教：

> 门下（指虞——陈注）试思，八万里而来，交友请益，但求人与我同，岂愿我与人异耶？逃空谷者，闻人足音，跫然而喜矣。辽豕自多其异，窦乃极愿其同，则群豕果白，亦跫而喜之日也。肆笔无隐，罪戾实深，仰冀鸿慈，曲赐矜宥。

悚仄！悚仄！

这样的修辞，非有人捉刀，是办不到的。方豪称其“措词畅达，说理条顺”；谢肇淛称“其人通文理，儒雅与中国无别”。从文字上讲，莲池和尚沈袾宏说：“利玛窦回柬（指利氏复虞淳熙函），灼然是京城一士大夫代作。向《实义》《畸人》二书，其语雷堆艰涩，今柬条达明利，推敲藻绘，与前不类，知邪说入人，有深信而为之羽翼者。”其实，《实义》《畸人》也定有人捉刀或笔削。

利氏驳虞书之要义如下：（一）来华动机，乃欲“人人为肖子，即于大父母得效涓埃之报，故弃家忘身不惜也”。（二）虞序中太极生上帝语，不能苟同，“尚觉孔子太极生两仪一言为安”。（三）并非佞孔以諂士大夫，否则，“中夏人士，信佛过于儲乙者甚多，何不并佞佛，以尽諂士大夫”？（四）“上帝一而已，谓有诸天主，不诬乎？渺小人群，欲加天主之上，不抗乎”？（五）希望能“拒趋函丈，各挈纲领，质疑送难，假之岁月，以求统一”。（六）“佛入中国，既二千年矣……上国之人心世道，未见其胜于唐虞三代也”。（七）“敝国经典……方之佛藏，不啻倍蓰……傥藉上国诸君子之力，翻译经典，不必望与佛藏等，若得其百之一二，持此而共相诘难，果为理屈，即亦甘心败蹶矣。”①

顾徐光启《辨学章疏》有“奈何佛教东来千八百年，而世道人心未能改易”之语，又有令诸“陪臣”将天主要义“略述一书”，“如其踳驳悖理，不足劝善戒恶，易俗移风，即行斥逐”的“试验之法”，等等，多与利玛窦复虞书略同，岂利氏之书，徐氏与有力耶？猜想起码是探讨商量过的。

汤若望的浮沉与杨光先掀起的“历狱”

明清之际耶稣会会士受到皇帝的重视，常与修历有关。“南京教案”平息后，崇祯皇帝把因教案被黜的大臣大多复职，徐光启先后任礼部左侍郎、尚书兼翰林院学士，死前且晋升为宰相。徐光启复职后立即重用传教士，加强军备以御清兵，编修历法以测天象。在他主持的历局里，启用了意大利教士龙华民、德国教士邓玉函。邓玉函死后又延德国教士汤若望入局。传教士在“历局”的工作得到了崇祯皇帝的嘉奖，御题“钦褒天学”匾额。从此传教士执修历工作达一百四十年。

① 以上虞、利的来往书信，均于20世纪80年代末在图书馆自利玛窦《辨学遗牍》中录出，又参方豪《中西交通史》（长沙：岳麓书社，1987年重印本）之第十二章“欧洲宗教与神哲等学之东传”。当时耶佛之辩甚炽，这里只举一例以见一斑。

为什么一定要聘用传教士呢？徐光启推荐汤若望的疏奏有云：

> 臣等昔年曾遇西洋利玛窦，与之论讲天地原始，七政运行，并及其形体大小远近，与夫度数之顺逆迟疾，一一从其所以然处，指示确然不易之理，较我中国往籍，多所未闻。臣等自后每闻交食，即以其法验之，与该监所推算，不无异同，而大率与天相合。故臣等窃以为今兹修改，必须参西法而用之，以彼条款，就我名义，从历法之大本大原，阐发明晰，而后可以言改耳。①

徐光启认为西法修历比中国的传统历法准确、明晰，所以力主“参西法而用之”。

1644年清军入关后，清摄政王多尔衮继续留用汤若望。因为：“治历明时，帝王所重。今用新法正历，以敬迓天体，宜名‘时宪历’，用称朝廷宪天乂民之至意，引顺治二年始，即用新历颁行天下。”②

---

① 《徐光启集》，页344。

② 《清史稿》三十三，页10020。

顺治皇帝也非常重用汤若望，加封太常寺卿，还赐号“通玄教师”，并赐谕旨云：

> 国家肇造鸿业，以授时定历为急务。羲和而后，如汉洛下闳、张衡，唐李淳风、僧一行，于历法代有损益。元郭守敬号为精密，然经纬之度，尚不能符合天行，其后晷度遂以积差。尔汤若望来自西洋，精于象纬，闳通历法。徐光启特荐于朝，一时专家治历如魏文魁等，实不及尔。但以远人，多忌成功，终不见用。朕承天眷，定鼎之初，尔为朕修“大清时宪历”迄于有成。又能洁身持行，尽心乃事。今特锡尔嘉名，俾知天生贤人，佐佑定历，补数千年之阙略，非偶然也。[①]

并且为“时宪历”题“依西洋新法”几个字。这篇谕旨制为一方很精致的木匾挂在北京耶稣会大厅里。后来，顺治又下令在北京天主教堂立碑，镌以类似内容的碑文。至此，汤若望受到的荣耀实已大大超过当年的利玛窦，这当然十分有利于提高耶稣会在中国的声望和地位。然而从明崇祯皇帝到此时的清

① 《清史稿》三十三，页10020。

顺治皇帝，汤若望之屡受殊荣，主要还是因为“修历”。

汤若望的倒运，也与几十年前的“南京教案”相似，都与中国的政局有关。“南京教案”与魏忠贤把持朝政、镇压东林党是同时发生的。汤若望的被监禁则是与鳌拜趁康熙年幼以辅政大臣的身份擅权专政有关。

1661年，康熙皇帝继位时只七岁，由四位辅政大臣执政。素来主张实行传统的“回回历”，反对借西法修历的江南徽州府新安卫官生杨光先追随鳌拜，并因而得势，制造了延续七八年的“历狱”。杨光先在1659年就曾上疏弹劾汤若望，写了《辟邪篇》《摘谬篇》攻击汤若望。

杨光先反对汤若望的理由，现在看起来简直是顽固而可笑。如他对“地圆说”是这么说的：“若然则四大部州万国之山河大地，总是一大圆球矣。……所以球上国土之人脚心与球下国土之人脚心相对……竟不思在下之国土人之倒悬……有识者以理推之，不觉喷饭满案矣。夫人顶天立地，未闻有横立倒立之人也……此可以见大地之非圆也。”[①]实则使人“喷饭满案”者正是杨光先自己。1660年，杨光先上疏顺治皇帝，控告汤若望所修《时宪历》册面上有“依西洋新法”五个字是“暗

① 杨光先《不得已》卷下。

窃正朔之权以予西洋，明示天下以大清奉西洋正朔”，要求将汤若望等“依律法正”[1]。1664年7月，杨光先又上疏康熙皇帝控告汤若望等耶稣会士有三条大罪：一、潜谋造反；二、邪说惑众；三、历法荒谬。即说汤若望新法有“十谬”；说汤为荣亲王选择安葬日期，误用《洪范》五行，弄得山向年月都犯忌杀；皇上历祚无疆，可是汤氏所进历法止二百年；最后是说各省耶稣会会士多与汤氏相结，谋为不轨。于是在鳌拜的操纵下，礼、吏二部会鞫，议政王定谳：罢了汤若望的官，以年迈免死；与汤若望合作的比利时人南怀仁、意大利人利类思、葡萄牙人安文思等各挨了一百下棍子，被驱逐出境；“历局”属官多人被处死刑。这便是杨光先掀起的所谓“历狱”案。时为康熙四年（1665年）。于是杨光先亲自主持钦天监，同党吴明烜为监副，完全恢复旧历法。耶稣会的传教活动几年中乃一蹶不振。汤若望旋即病死。后康熙皇帝于1668年亲政，复查汤若望等受害案。南怀仁疏奏吴明烜预测天象的种种舛误。于是由大学士图海主持，让南怀仁、吴明烜同到观象台测验立春、雨水两节气以及正午日影所止之处。结果，南怀仁测得样样都对，而吴明烜样样都错。更重要的是杨光先的后台、权倾一时

① 杨光先《不得已》卷上。

的鳌拜事发，十几岁的康熙皇帝非常果断地逮捕了他，杨光先也就在这个时候被革。汤若望完全恢复了名誉，南怀仁始为钦天监监副，后升为监正。其他教士也都陆续返回本堂，皇帝题赠“奉旨归堂”四字。

把“南京教案”和“历狱”两事比照着看，反对耶稣会会士的沈潅、杨光先在政治上至少都属“守旧派”，都依附了专横跋扈、冤狱累累的权臣——沈潅的后台是魏忠贤，杨光先的后台是鳌拜。当时的中国人没有人懂得这些耶稣会会士在政治上和思想上属于西欧宗教革命的“反对派”，只是本能地觉得耶稣会士们讲的那些道理闻所未闻，与儒道释一体的传统政治文化不合。开明一些的人便择其有利于我的接受、容纳过来，如有利于经世致用的某些中国所缺的科学知识；有的甚至积极认同，彼以西教释六经，我曷不能以六经注西教。保守一些的则取排斥态度，或竟斥为邪说异端，或借权势予以压取缔。明清之际，“破邪”“辟邪”“摘谬”之说甚多，就是说明这后一种情况的。实则以当时的认识水平看，在中国方面，无论是取友善态度的，或取敌对态度的，都没有真正懂得作为文化形态的基督教教义的人。取敌对态度的不用说了，就是取友善态度的，也是生吞活剥。皈依了耶教的徐光启等也不例外。杨廷筠甚至一厢情愿地弄出一种儒道释耶四位一体的文化形态来。

还是不信耶教，但对利玛窦有好印象的李卓吾说得合乎情理，他觉得利玛窦大老远地来到中国，“凡我国书籍无不读……今尽能言我此间之言，作此间之文字，行此间之仪礼，是一极标致人也”。但是“毕竟不知到此何干也。意其欲以所学易吾周、孔之学，则又太愚，恐非是尔”①。法国汉学家谢和耐评论李卓吾这段话时认为，李卓吾的评论反映出利玛窦当时的做法是留意不泄露自己的真实意图，在讨论和引用中国经典时总是限于力图给中国经典以对阐发自己的观点有利的意义（《中国与基督教的冲撞》，英译本，页19）。这意思也就是我们说的“六经注我”。谢和耐似乎并不认为利玛窦已经吃透了中国的老古董。

杨光先事败后，南怀仁为了推动天主教布道事业，以耶稣会中国省区会长名义，在北京发出《告全欧洲耶稣会会士书》，呼吁广派传教士来华，法王路易十四派出了六名法国教士。他们于1687年7月经近两年航程抵宁波。除一人中途死亡，其余五人沿运河北上，第二年二月抵京。康熙皇帝很快召见了他们，其中的张诚和白晋被封为“御前侍讲”，给皇帝讲几何学、测量学、解剖学、医学，宫中设了化学实验室。张诚并曾

① 李卓吾《焚书·续焚书》，北京：中华书局，1975年，页35。

多次随皇帝巡视蒙古等地，与葡萄牙教士徐日升一起被任命为《中俄尼布楚条约》谈判的翻译。

这次以法国传教士为主的西欧教士来华，造成了天主教在华传教的继利玛窦以后的另一次高潮。南怀仁于1688年在北京去世，皇帝赐谥“勤敏”，并赐碑文，以彰其修历、铸炮之功。其后，康熙皇帝于1692年3月敕准天主教自由传教，赐地修盖北京天主教北堂，御题“万有真原”匾额，并书楹联：“无始无终，先作形声真主宰；宣仁宣义，聿昭拯济大权衡。”只从字面上看，并不能看出专写给天主教堂，以之赠道观佛堂，亦无不可。

由于康熙皇帝本人的促进，“虚心励学”，亲自提倡，中西文化之交出现了自利玛窦至汤若望时期所不及的规模。这时，传教士移译和研究中国经典之风大炽，皇帝也过问这件事，屡屡垂问白晋等研究《易经》的情况。如今，巴黎国家图书馆、梵蒂冈图书馆等一直藏有彼时法国及其他教士用拉丁文翻译介绍的中国古籍。马勒伯朗士、莱布尼茨、伏尔泰等对中国的了解，便主要得益于这些传教士的著述和通信。

关于所谓在中国礼仪问题上的争论

发生在17世纪到18世纪20年代的天主教内的关于中国礼仪

问题的论战，开始时虽然不是中外的直接争论，但它反映了中西文明的不能相容。后来由于罗马教廷的多次干预，终于导致康熙下谕禁教。

争论的是利玛窦“儒服儒冠”，容忍教徒祭祖、祭孔、祭天，是不是放弃了天主教的原则。

在利玛窦看来，中国文明历史悠久，源远流长，在这样的国家里传播一种当地人完全陌生的新教义，必须使本地人能够接受，尤其需要取得有社会地位和社会影响的士大夫们的好感。因此，利玛窦等就先下功夫学中国话、读中国书，在中国经典里找到了“天主”“上帝”等字样，不管它所含何义，便借用来迻译西文里的“God”。其实含义根本不同。按《国语·周语》：“昔我先王之有天下也，规方千里以为甸服，以供上帝山川百神之祀，以备百姓兆民之用，以待不庭不虞之患。”韦昭注曰：“上帝，天神五帝也。”至于当时流行的宋明理学，利玛窦虽然很反对，但不打算深究。中国传统旧俗敬礼祖宗、奉祀鬼神、烧香上供等，虽与天主教的规矩不同，利玛窦都认为可以听任中国教徒继续保留这些风俗礼仪。利玛窦在中国实行的这些传教政策，全是为了传教的便利，可以说纯粹是一种策略。1604年利玛窦给耶稣会会长的信里说：

> 我认为在这本书（《天主实义》）里，最好不要抨击他们所说的东西，而是把它说成同上帝的概念相一致。这样，我们就可以按照我们的概念去解释中国人的意思，而不必依着他们的观念。同时，为了不冒犯统治着中国的士大夫，我们宁可对各种解释提出问题，而不要针对原理（太极）本身。而如果到头来，他们始终把太极解释为基本的、智力的和无限的物质原理，那么我们也就认同说这正是上帝。①

这该是利玛窦的真心话。利玛窦的继承人龙华民不赞同利氏的传教方法，他根据熊三拔写的批评中国宗教的“备忘录”起草了一份文件，题为《关于中国人的宗教的若干问题》。他们写好后没有拿出来，第一次发表是在1701年，那时关于中国“礼仪之争”在巴黎和罗马都已十分激烈了。

龙华民和熊三拔认为，中国典籍中的“上帝”和“天主”与天主教义中的“God”完全是两回事。中国的“天”是一个物化概念，宋儒的“理”和“气”都是物质。中国根本不懂得在物质以外还存在着一种无所不在的、无限的、超验的精神

① 转引自[法]谢和耐《中国和基督教》英译本，页27；信原件存罗马Casalaatense图书馆，手稿第2136号。

实体，即“神”，因此中国根本不能理解“创世说”。中国也不懂何谓“天使”，中国宗教有“鬼神”的概念，是主宰山脉、河流和人间万物的；那完全不是一码事。中国人所说的“魂”“魄”，表示人死后化为最原始的“气”，而“气”也是物的一种元素。总之，龙华民等认为，“中国人根本不了解与物质截然不同的精神实体，他们只知道不同程度的物质实体”。因此，他们的结论是，“最灵巧的中国人（指士大夫、知识分子）都是无神论者”①。

17世纪末，罗马教廷开始介入在华传教士之间的关于中国礼仪的争论，认为，不能把中国经典中的“上帝”“天主”等与天主教义混为一谈；中国传统礼拜天地祖宗之仪是原始迷信。因此，凡是皈依天主教的都不准再实行中国的传统礼仪。

1693年3月，“巴黎外方传教会”的颜珰主教（Carolus Maigret）奉教廷命在福建教区发出严禁教徒行中国传统礼仪的“禁令”。在华传教士徐日昇、张诚等四神甫觐见康熙皇帝，陈述反对颜珰“禁令”的意见，第一次把争论提到康熙皇帝面前，颜珰的“禁令”因而没有实行。

当时由法国路易十四派来的传教士都十分受康熙的重用，

① “L’Europe chinoise”，*Etiemble*，Edition Gallionard，pp.347–350.

他们给康熙讲几何、代数，康熙亲自过问，让他们学习《易经》。特别是康熙为他们传教开放绿灯。凡此种种，都赢得了他们的赞赏，被视为开明天子。传教士李明写了《中国现状新录》（*Nouveaux memoires sur l'etat present de la Chine*），其中写道：

> 我们不能不赞服这位皇帝，他生在偶像崇拜之中，从孩提时代就被灌输了民间的谬误，而且是在迷信中长大的，但是正是他本人穿透了这层层的暗障；在那么多包围着他的错误的宗教当中，他辨识出了圣洁和我们的真理。
>
> 他经常表彰（传教）；以贡物丰富我们的祭坛；他在我们所礼拜的神祇前下跪；他最近还向他的臣民下达圣谕，他们可以有公开拥戴耶稣基督的充分自由；他不考虑政治和世俗箴言，为自己的臣民做出榜样。[1]

李明直接为中国传统礼仪辩护，认为并不妨碍天主教义的传播。他对于中国的情况，综合了六条看法：

一、中国早在耶稣基督诞生两千年以前就已对真正的神有

① Etiemble，p.292.

了认识；

二、中国已有在最古老的宇宙庙堂里供奉牺牲的传统；

三、中国礼赞神祇的方式甚至可为基督徒仿效；

四、中国奉行的伦理与宗教同样纯洁；

五、中国具有信念、谦恭、司祭、礼拜、神的观念、仁慈之心等宗教精神；

六、在所有世界各国中，中国是最经久地受到神的圣宠的。[①]

李明笔下的康熙皇帝和中国当然都是经他加工了的，但是也从一个侧面反映了康熙皇帝本人对天主教容忍的政策和态度对这些传教士产生了多么大的影响。

李明的这份文件是写给路易十四的报告，本意可能是迎合法国皇帝向遥远的东方派遣传教士的初衷，然而结果却适得其反。

关于中国“礼仪之争”至1700年在法国达到了白热化的程度。这一年，在巴黎索尔邦的大会堂里展开了一场几个月的声势浩大的辩论，李明等人的主张受到了谴责。李明的六条意见被指为渎神的、异端的、反基督的。

---

① Etiemble，p.302.

这场辩论是在曼德农侯爵夫人支持下进行的。这位夫人出生于加尔文教派家庭，长大后皈依天主教派。她的丈夫、诗人斯卡隆死后，她当了路易十四和他的情妇孟戴斯潘夫人的私生子女的家庭教师。皇后玛丽·苔蕾丝1668年去世，路易十四同她结了婚。由于她出身寒微，始终没有被称作法国皇后，而被封为曼德农侯爵夫人。史传，她对路易十四影响很大，特别是在宗教方面。据1916年发表的一份《一位参加索尔邦辩论的博士的日记》披露，仲裁辩论的标准并不是哲学推理，并不是对真理的爱在起作用，起作用的是居于统治地位的好恶。“当某个君主属意于本国的宗教，那总是凡使他高兴的意见就是最好的和最神圣的，当然这不妨碍在这些意见中，确有圣洁之见；但是并非因此而被接受，而是由于中了君主的意。”所以，这次辩论的结局是由于曼德农夫人的干预而造成的，李明亦因此而失宠于路易十四。①

1704年11月20日，罗马教皇克莱门十一世通谕禁止教徒奉行中国礼仪，并且禁止教徒使用中国经籍中的“天”和“上帝”的概念。同时派遣多罗主教（Tournons，Thomas Maillard de）来华说服在华教士。罗马教廷的“禁令”规定：

---

① Etiemble，pp.302–303.

一、西洋地方称呼天地万物之主用“斗斯”（拉丁文Deus的译音）二字，此二字在中国用不成话，所以在中国之西洋人，并入天主教之人方用“天主”二字，已经日久。从今以后，总不许用“天”字，亦不许用“上帝”字眼，只称呼“天地万物之主”。如“敬天”二字之匾，若未悬挂，即不必悬挂。若已曾悬挂在天主堂内，即取下来，不许悬挂。

二、春秋二季，祭孔子并祭祖宗之大礼，凡入教之人，不许作主祭、助祭之事，连入教之人，亦不许在此处站立，因为此与异端相同。

三、凡入天主教之官员或进士、举人、生员等，于每月初一日、十五日，不许入孔子庙行礼。或有新上任之官，并新得进士，新得举人、生员者，亦俱不许入孔子庙行礼。

四、凡入天主教之人，不许入祠堂行一切之礼。

五、凡入天主教之人，或在家里，或在坟上，或逢吊丧之事，俱不许行礼。或本教与别教之人，若相会时，亦不许行此礼。因为这是异端之事。再，入天主教之人，或说“我并不曾行异端之事”，“我不过要报本的意思”，“我不求福，亦不求免祸”，虽有如此说话者亦不可。

六、凡遇别教之人行此礼之时，入天主教之人若要讲究，恐生是非，只好在旁边站立，还使得。

七、凡入天主教之人，不许依中国规矩留牌位在家，因有“灵位”“神主”等字眼，文指牌位上边说有灵魂。要立牌位，只许写亡人名字。再，牌位做法，若无异端之事，如此留在家里可也，但牌位旁边应写天主教孝敬父母之道理。[①]

当时康熙皇帝对传教士的政策和态度，可见诸1706年的谕旨：

前日曾有上谕，多罗好了，陛见之际再谕。今闻多罗言“我未必等得皇上回来”话。朕甚怜悯，所以将欲下之旨晓谕。朕所欲发旨意者，近日自西洋所来者甚杂，亦有行道者，亦有白人借名为行道，难以分辨是非。如今尔来之际，若不定一规矩，惟恐后来惹出是非，也觉得教化王处有关系，只得将定例先明白晓谕，命后来之人谨守法度，不能稍违方好。以后凡自西洋来者，再不回去之人，许他们内地居住，若今年来明年去的人，不可叫他们居住。此

① 故宫博物院编《康熙与罗马使节关系文书》，第十四：《教王禁约释文》。

等人譬如立于大门之前，论人屋内之事，众人何以服之，况且多事。更有作生意站买卖的人，益不可留住。凡各国各会，皆以敬天主者，何得论彼此，一概同居同住，则永无争竞矣，为此晓谕。①

关于天主教内部关于中国礼仪的争论，康熙的态度见于1707年三月十七日颁发的谕旨：

自今而后，若不遵利玛窦的规矩，断不准在中国住，必逐回去。若教化王因此不准尔等传教，尔等既是出家人，就在中国住着修道，教化王若再怪你们遵利玛窦、不依教化王的话，叫你们回西洋，朕不叫你们回去。倘教化王听了多罗的话，说你们不遵教化王的话，得罪天主，必定叫你们回去，那时朕自然有话说。说你们在中国年久，服中国水土，就如中国人一样，必不肯打发回去。教化王若说你们有罪，必定叫你们回去，朕带信与他说，徐日昇等在中国服朕水土，出力年久，你必定叫他们回去，朕断不肯将他们活打发回去，将西洋人等头割回去。朕如此带信去，

① 故宫博物院编《康熙与罗马使节关系文书》。

尔教化王万一再说尔等得恶天主，杀了罢，朕就将中国所有西洋人等都查出来，尽行将头带与西洋去。设是如此，你们的教化王也就成了个教化王了。[①]

康熙的态度已与罗马教廷针锋相对。在这之前，由于多罗于1月15日把教皇的“禁令”在南京宣布，康熙已谕令把他押解澳门，后因禁而死。对于欧洲来的传教士，康熙采取的是宽容和支持的政策，并依其表现区别对待。如1719年给教士利安国的谕旨说：

尔众西洋人内，如仍以前次各出已见，乱寄书信者，即系乱法之人，在中国亦无用处，除会技艺的人留用外，余众西洋人务必逐回，断不姑留。[②]

又见翌年谕旨云：

自利玛窦到中国二百余年，并无贪淫邪乱，无非修道，

① 故宫博物院编《康熙与罗马使节关系文书》。

② 同上。

平安无事，未犯中国法度。自西洋航海九万里之遥者，为情愿效力。朕用轸念远人，俯垂矜恤，以示中华帝王不分内外，使尔等各献其长，出入禁廷，曲赐优容致意。尔等所行之教与中国毫无损益，即尔等去留也无关涉。①

1720年，罗马教皇为了贯彻“禁令”，又派嘉乐主教（Charles Mezzabarba）为特使访华。在他到达北京以前，康熙于11月18日在乾清宫西暖阁召见了苏霖等在华教士18人，康熙说：

因自多罗来时误听教下阎当的不通文理、妄诞议论，若本人略通中国文章道理，亦为可恕。伊不但不知文理，即目不识丁。那么，他如何轻论中国礼仪之是非？即如以天为物、不可敬天。譬如上表谢恩，必称皇帝陛下、阶下等语；又如，过御座无不趋跄起敬，总是敬君之心，随处皆然。若以陛下为阶下，座位为工匠所造，怠忽可乎？中国敬天亦是此意。若依阎当之论，必当呼天主之名方是为敬，甚悖于中国敬天之意。据尔众西洋人修道，起意原以为灵

① 故宫博物院编《康熙与罗马使节关系文书》。

魂归依天主，所以苦持终身，为灵魂永远之事。

中国供神主，乃是人子思念父母养育。譬幼雏物类，其母若殒，亦必呼号数日者，思其亲也。况人为万物之灵，自然诚动于中形于外也。即尔等修道之人，倘父母有变，亦自哀恸，倘置之不问，即不如物类矣，又何足与较量中国！

敬孔子乎？圣人以五常而行之大道，君臣父子之大伦，此至圣先师之所以应尊敬也。尔西洋亦有圣人，因其行为可法，所以敬重。多罗、阎当等知识扁浅，何足言天！？何知尊圣！？

以上是对教皇“禁令”的批驳，主要批罗马教皇对中国的敬天、祭祖、尊孔的诬蔑，指出其是“妄论中国之道”。对于教皇派嘉乐主教来使，康熙说：

今尔教主，差使臣来京，请安谢恩；倘问及尔等行教之事，尔众人公同答应，中国行教俱遵利玛窦规矩，皇上深知，历有年所。况尔今来上表，请皇上安，谢皇上爱养西人之重恩，并无别事。倘若有言，汝当启奏皇上，我等不能应对。尔等不可各出己见，妄自答应，又致紊乱是非。

各宜凛遵，为此特谕。[①]

十一月二十五日，嘉乐携重申之教皇“禁令”抵京。“禁令”略谓：“自今以后，凡西洋人在中国传教，或再有往中国去传教者，必然于未传教之先，在天主台前发誓，谨守此禁止条约之礼，随后即将发誓之音信寄到罗马府来。”康熙于十二月十七日召见了嘉乐及随行人员，指出，“供牌位原不起自孔子，此皆后人尊敬之意，并无异端之说。呼天为上帝，即如称朕为万岁，称朕为皇上。称呼虽异，敬君之心则一”。康熙并在罗马教皇“禁令”后面朱批如下：

览此告示，只可说得西洋人等小人，如何言得中国之大理。况西洋人等，无一人通汉书者，说言议论，令人可笑者多。今见来臣告示，竟与和尚道士小教相同。彼之乱言者，莫过如此。……后不必西洋人在中国行教，禁之可也，免得多事。[②]

① 故宫博物院编《康熙与罗马使节关系文书》。

② 同上。

后来，嘉乐虽曾提出允许祭祖等妥协方案，但已不可挽回了。“禁教令”虽出自康熙，正式禁教却始于雍正，因为康熙不久就去世了。1724年，雍正皇帝在一项谕旨中说要“黜异端以崇正学”，指出：“如西洋教宗天主，亦属不经，因其人通晓历数，国家用之，尔等不可不知。”还说：“中国有中国之教，西洋有西洋之教；西洋之教，不必行于中国，亦如中国之教，岂能行于西洋？”[①]

从此，各地天主教堂或拆毁，或改作他用，只“历局”内的传教士照常工作。天主教的活动直到1860年的一百多年当中，都是被禁止的。这就是所谓“礼仪之争”到后来造成的结果，史称“百年禁教”。

对于这次禁教，有的西方人指责康熙出尔反尔，这是不公允的。因为起因是传教士之间分了两派，教廷不仅支持了其中的一派，而且非常粗暴而狂妄地干涉了中国的内部事务。康熙是被他们逼得只能禁止他们传教的，应该说康熙此举是为了维护中国的尊严。这与明末沈漼、清初杨光先掀起的两次对传教士的迫害，有本质的不同。沈漼和杨光先在政治上代表了反动，

① 方豪《中西交通史》，页1026。

沈潅背后是魏忠贤，杨光先背后是鳌拜。康熙的大方向是开明的，是主张“对外开放”的。杨光先打击传教士，恰恰是康熙清算了鳌拜一伙，从而使天主教的活动又兴旺起来的。前面说过，路易十四派来的传教士，一直受到康熙的重用。如果不是罗马教廷如此蛮横无理，天主教在中国也不至于有这样的遭遇。

伏尔泰对这件事的评论是公允的。他说：“前来帝国传教布道的外国人之间的分裂不和，使他们传布的宗教名誉扫地。满清朝廷对欧洲人注意了解之后，得知不仅传教士内部四分五裂，而且在广州登岸的外国商人也分成派别，彼此不共戴天。在这种情况下，基督教就更加被人贬低。”[①]

补记

此稿约写于20世纪80年代末90年代初，原系一读书笔记。自“文革”落幕以来，笔者略识徐光启事迹，甚仰其人，遂于公余零碎时间留意于有关旧籍，二十余年来时续时辍，随看随记。当时接触的资料十分有限，于兹陆续得短文十数篇，付诸报刊，而当年草成的此稿则存诸箧底，至今未动。近与磐石先

① 伏尔泰《路易十四时代》中译本，北京：商务印书馆，1982年，页600。

生偶谈及此，遂翻阅一遍，觉其可能尚有可资参考之用。于是增一“前言”，并整理注释及人物中外文对照，使其较为完整。

今日对徐光启的研究状况已大有进展了。近几年来，在上海徐家汇文化局等单位的努力下，毁于“文革”时的徐光启墓地已重修完好，并在“光启公园”内设一古色古香的“徐光启纪念馆”，于光远先生为题“科学先驱”四个大字。笔者几次走访，见其日渐规模，徐氏进取精神灼然可见。

对于昔时西欧传教士的有关文献，近亦多所刊布，如复旦大学朱维铮教授主编的《利玛窦中文著译集》（复旦大学出版社，2001年）等。按，这方面的古老西文典籍汗牛充栋，不知凡几，主要分藏于罗马、巴黎和上海徐家汇藏书楼等处，且大多为拉丁文。笔者曾到重建的徐家汇藏书楼走马观花，即感卷帙浩繁，涵盖文、史、哲、科、宗教诸科，一人之力，只能望洋兴叹，不可能穷其万一。如对此一时期做通盘之研究，诚非国际学人之长期鼎力莫办。故笔者此稿实不足沧海之一粟，不啻九牛之一毛而已。

2006年9月12日

补记于京中芳古园陋室

（出自《给没有收信人的信》）

徐光启的命运和启示

现在讲中西文化交流的专著和文章很多。在中西文化交流的历史方面，我特别推崇晚明的徐光启，以为他是位“开拓性”的历史人物，理应给他一个重要的地位，让后人记住他的功绩。几年前经过上海徐家汇，问徐光启墓在何处，率皆语焉不详，在刚刚耸立起的高楼大厦之中，似乎是“只在此山中，云深不知处”了。又过了两三年，《文汇报》登了一条消息，说将重修徐墓，可见人们没有忘记他。

徐光启在史书里，记他的生平是有的，如《明史》《国榷》《罪惟录》等都有记载。不过在今天我觉得如不是专门研究历史的人，便不一定对徐光启有很“突出”的印象。

徐出身农家，幼学孔孟，认为“因朱子以见宣尼之正脉，而俾天下国家实受真儒之益”，是个传统的读书人，对君忠，对父孝，对子慈；这样的人在宗法社会里并不稀奇。但是重要的是他在中年遇见了耶稣会传教士利玛窦等，从此使他的一生增添了异彩。他看准了来自西洋的科学，以为是利国利民的学问，于是恭恭敬敬地请教，孜孜以求；除翻译了《几何原本》六卷外，还学了西洋的测量、水法、天文诸学，以之用于屯田、盐务诸事。有些守旧的人说这些东西没有多少用处，他说这是根本的学问，“不用之用，众用之基”；“下学工夫，有理有事；此书（《几何原本》）为益，能令学理者，祛其浮气，练其精心；学事者资其定法，发其巧思，故举世无一人不当学”。

他皈依了基督教，在当时怕是一惊人之举（同时入教的还有他的朋友李之藻、杨廷筠，是为明代基督教三立柱）。他认为，“天主实义”的道德律与中国先儒是相通的，不仅达乎外表，而且深入人之中情，可以“补益王化，左右儒术，救正佛法”（徐氏对佛释的评语是“似是而非”“幽邈无当”……利玛窦出自传教动机，排佛甚力，徐之用心，似与之不尽相同，此处不赘）。

徐著述甚丰，文章写得很好，他是“经世致用”派，作文都有一定的实用目的，极少为文而文；在有明一代著名的文章家中，他排不上号。过去许多文选中，大都只选他的《甘薯疏序》，其实那并不是他的“代表作”。最能表达他的精神的，应该是明神宗万历四十四年（公元1616年）的《辨学章疏》。我激赏这篇文章的雄辩。

当时正是礼部尚书沈潅在阉党支持下迫害传教士和教徒的时候，晚明社会上上下下掀起一阵排教风。诚然，传教士的个人为人是各种各样的，有些人的行为激起了民怨，给沈潅等守旧派排教以口实。可是徐光启结交的洋人，都是些正人君子，学有专长；但这些人也给一锅煮了。徐光启给家人写信说，如果有传教士从南京逃到徐家汇避难，务必把他们安顿好，保护起来。

据《辨学章疏》，沈潅上送的“邸报”说，传教士们“其说浸淫，即士大夫亦有信向之者”。徐光启说，这“信向之者”分明指的就是我，所以必须说说清楚。他理直气壮地写道：“臣累年以来，因与讲究考求，知此诸臣最真最确，不止踪迹心事一无可疑，实皆圣贤之徒也。且其道甚正，其守甚严，其学甚博，其识甚精，其心甚真，其见甚定，在彼国中亦皆千人之英，万人之杰……”铿铿锵锵，掷地有金石声。意思是说，跟这样的洋人交游有什么不可，“苟利于国，远近何论焉”？

徐光启给皇上出了三条“试验之法”，看看这些传教士是些怎样的人。第一，把一些有名的传教士召到京城，遴选几位内外大臣，同他们一起翻译“西来经传”，凡是事天爱人、格物穷理的论说，治国平天下的道理，下及天文、医药、农田、水利等兴利除害的知识，一一编译成书，让大家讨论，定其是非，如果都认为是“叛常拂经、邪术左道”，便立即斥逐，我徐某人甘愿承受“扶同欺罔”的罪责。第二，让传教士们和有名僧道当面辩论，同时命令儒臣共同议定，如确认这些人“言无可采，理屈辞穷”，便立即斥逐，我也承当应得的罪名。第三，如果译书一时难以完成，又找不到合适的僧道同他们辩论，可以叫他们简略地浓缩成一本书，连同“已经翻译书籍三十余卷，原来本文经典一十余部，一并进呈御览”，如果发现他们荒诞悖理，不足劝善戒恶、易俗移风，也立即斥逐，我同其罪责。

《章疏》的最后一段有几句话讲得恳切而又沉痛。他说，我属于衙门后辈，这些洋人的去留，与我有什么相干，只是觉得他们提出的种种道理，多是有利于国家致治的好主意，所以我做臣子的，“有怀不吐，私悔无穷；是以不避罪戾，斋沐陈情”。

全文洋洋洒洒，卓有一泻千里之势，我摘述的这些远远传达不出原文的声貌。结果“御批”照例三个字“知道了”。

此外，他还曾参与军务。早年在家乡时，常听说东南沿海一带，每有倭寇海盗武力骚扰，徐光启便读起“兵书”来。晚年，辽东事起，他受命多次上疏献练兵之策，举凡怎样选兵任将，怎样操练他们，如何严格纪律，又怎样改进武器、引进和仿造西方火炮诸事，一件一件，认认真真。然而书生干武，谈何容易，况且昏庸的皇帝充耳不闻，同僚们多所訾议，说一个文官（徐时任少詹事），讲什么兵法。只有个把人支持，起不了任何作用。结果是各部大臣百般推诿，要钱没钱，要人没人，徐光启只是个空头光杆，在给朋友的信中颓然叹道："受事以来，百不应手，叩阍不闻，将伯无助。"

徐光启的思想在晚明社会是非常"超前"的，坚持他所该坚持的主张，有股子傻劲、韧劲，一个劲儿地上条陈，他留下的文稿中，奏疏占了相当大的比例，送上的东西大多被泼了冷水，而且阉党羽翼下的官僚们千方百计地制造麻烦，一般的士大夫也远没有他那样的见识，率都明哲保身，胆小怕事，半因畏惧阉党淫威，半因沿袭下来的仕版中因循守旧的风气。所以，徐光启不免牢骚满腹，时时感到孤单而又苦闷。在上皇帝疏中每有像"臣生平愚见，每谓植党为非，涣群为是，是以孑然孤踪，东西无着"，"臣所惧者，诸臣以惶恐畏咎之心，坚其安习寡闻之陋。臣等书虽告成，而愿学者少，有倡无继，有传无习，恐他日终成废阁"等话。在给友人的信里也常吐露苦衷，如"夙昔不能趋炎，亦无心逢世"，"生无媚人之骨"，"言而不用，吾志则尽矣，复何求焉，又何悔焉"！真有些愤世嫉俗了。

徐光启是一个非常务实的人。他晚年对崇祯皇帝说：“方今造就人才，务求实用”，“若今之时文，真是无用”，“未经目击，而以口舌争，以书数传，虽唇焦笔秃，无益也”。这类话在他留下的文字中不一见。

徐光启与英国的培根同是十六七世纪的人，培根恰好长他一岁。在注重实际和实验这一点上是相似的，不同的是徐光启所处的中国晚明仍牢牢地滞留在中古，培根成长的英国已起步走向近代，二人所接受的文化和精神遗产大不相同。假如徐光启居然生在那时的英国，也许会成为培根式的实验哲学家的。

我最尊崇他的为人，正派廉洁，至少在有明一代是少有的。临死前，官做到礼部尚书兼文渊阁大学士，相当于“部长”级干部，但他的日子很不好过。他做的事情，无论是与西洋传教士的交往，还是他提倡的各种西洋新学，都与时不合，特别是阉宦一帮人看着他就有气，时不时地给他使绊子；他处处碰壁，又绝不肯屈就，颇有“出淤泥而不染”的气概。入朝几十年，自奉甚俭，取予不苟，晚年老病还乡，《明史》说他“盖棺之日，囊无余资”，《罪惟录》说他“官邸萧然，敝衣数袭外，止著述手草尘束而已”。

回顾徐光启一生，不免想到了百十年来经常提的一个问题，中国历史上为什么没有出科学，中国并不缺少聪明而又勤奋的人啊。原因可以提出好几条，其中之一（可能是主要原因）应当是世代迁延的政治文化，即专制的体制和支持它的思想。徐光启那样热心于吸收和传播西方的科学，用了那么大的力量翻译《几何原本》等书，身体力行地搞科学实验，可是他遇到的困难实在太多，除了他最亲近的两三个朋友外，响应者寥寥无几。就拿修历这件事来说，西洋的科学方法，明明比中国的旧法准确、先进，屡验屡效。但是，且不说昏庸的朝廷根本不与闻问，阉党及其党羽更从政治上阻挠设难。守旧派的排教势力把徐光启也“排”在了里面，向皇上打小报告，向徐施压，以致他寸步难移，新法难行。徐光启仅有的那点儿科学头脑既形不成规模，也没有人继续他的事业。他越近晚年越觉失望，在《与李存我太仆》的信中慨叹：“嗟乎！人各有心，知言甚难”，“吾辈所志、所言、所事，要可俟诸天下后世而已，他勿论矣”。开拓者无法开拓，创新者无法创新，因为大脑和手脚都被捆绑住了。近代科学之出，并非只是技术层面上的事，而必以思想和制度之不断冲出旧壳为前提，中国历史自秦皇汉武以来何曾有过思想的突破制度的变革呢？难怪徐光启之不能成功，且长叹“俟诸天下后世”了。

破“李约瑟难题”若只在技术层面上找答案，不啻缘木求鱼；深思之，明辨之，其最终关乎政制人文，明矣。

刚好我又到了上海，日前我们专程访问了徐汇区文化局，文化局长刘敏女士等人，很热情地给我们介绍了修复徐墓的设计方案；方案的完整出我意料，除徐墓外，还要恢复在“文化大革命”被“横扫”的牌坊、华表、石兽等。我们看到了被打落的牌坊、石兽等残骸散见在草木丛中，看了不胜感慨系之。还有很珍贵的徐光启手迹刻版和查继佐撰写的《徐光启传》以及顾廷龙先生题跋的手迹镌刻，这些都是1983年镌刻的。只是放的地方不大显眼，这些在即将动工时都将安排得更好些。陪同我们的几位朋友说按方案要修一条甬道，从光启公园一进门即可见庄严的牌坊，沿着甬道直通徐墓。所有这些，都使我为这位中西文化的开路人感到十分欣慰。为徐光启修墓时是因为徐的官阶到了那个程度，死后又追加“少保”，加谥“文定”；于孤寂清贫的徐氏生前，只是一种苦涩的纪念。但是，今天重建，却有一番历史文化的新意。今天的人和后来的人可由此记起三百多年前在这里静卧着一位道德高尚的科学家、中西文化交流的开拓者。

2002年7月5日

（出自《过眼小辑》）

辑二

马勒伯朗士与“中国礼仪”

马勒伯朗士这个名字过去看哲学史时从来都把他忽略过去。尤其以往对所谓神学压根儿就当成“邪魔歪道”。后来在“文化热”时期，有一班中青年（三十多岁的）自以为很懂得西洋文化，常提到这个名字，以点缀自己的多知多懂——使人觉得：你还知道这个！

最近看法国汉学家艾坚伯的一本书——《中国的欧洲》，专章讲马勒伯朗士与“中国礼仪”。大略是讲马氏从龙华民等到过中国的传教士那里了解到了中国礼仪问题和中国哲学——实际上只是宋明理学中的一鳞半爪——于是参加了争论，站在反对宋明理学的一边，囫囵吞枣地把宋儒打成“无神论”。那时的神学哲学家若说谁是“无神论”，就等于说那属于“异端”，就像今天我们的批判者们把谁打成“唯心主义”一样，从根本上说是为了维护神学家们的“神”的地位。

马勒伯朗士时期的哲学家都程度不同地带着神学的印记，感官的感知在他们的认识论中已经占有了不小的位置，这在认识论上是一大进步，因为毕竟把感官能够感知到的那一部分从神学中分离出来了；事实是，从神学中分离出的世俗哲学越多，哲学的独立性也越大。培根、洛克对神学的摆脱就多些；笛卡尔从“我思故我在”出发，也摆脱了不少；斯宾诺莎沿着笛卡尔的路向前走，也是“二元论”，既是“二元”的，就一定有摆脱神学的成分。

马勒伯朗士同时也是传教士，但他的思想里同样已有了感官的位置。他说：

> 我们的感官非常忠实、非常准确地向我们报道我们周围的一切物体与我们的身体的关系……

然而感官的意义只限于此；他接下来说：

> ……但是它们并不能告诉我们这些物体本身是什么；为了恰当地使用它们，就只能把它们用来保持我们的健康和生命，当它们意图把自己抬高到压倒心灵的时候，就只能充分地蔑视它们。

所以马勒伯朗士主张要对自己的感官“有几分不信任”，对于感官的“报道”需“持严肃的怀疑态度”“不要以为它们是完全真实的”。他提倡运用“心灵和理性怀疑”：

>……知道用心灵和理性怀疑，并不是人们所想的那种小事。因为在这一点上我们应当说，怀疑与怀疑有很大的不同。有人由于激怒、粗暴而怀疑，由于盲目、恶意而怀疑，总之，是由于异想天开、由于生性多疑而怀疑；可是也有人由于谨慎、不轻信而怀疑，由于智慧、由于心灵洞察而怀疑。学院派和无神论者是以第一种方式怀疑的，真正的哲学家是以第二种方式怀疑的。第一种怀疑是漆黑一团的怀疑，决不能把人引到光明，只能把人引得离光明越来越远；第二种怀疑是由光明产生的，反过来又以某种方式帮助产生光明。

除了带有对无神论的偏见之外，马勒伯朗士的第二种怀疑的方式无疑是对的，因为可以减少或避免盲目性，本来是不应该完全相信反映到感官上来的现象的。

比起宋明理学，“心灵和理性怀疑”与“理”“心性”

是大体相当的。问题是，马勒伯朗士没有到“心灵”就停步了，“心灵”只是比“感知”深一层，“心灵”再深一层便是“神”，到了“神”才算是到了头：

人的心灵，从本性上说，可以说介乎它的创造主和各种有形创造物之间；因为按照圣奥古斯丁的说法，它以上只有神，它以下只有形体。

这是与宋明理学不同的。例如王阳明说到“我的灵明”就到了头：

我的灵明，便是天地鬼神的主宰……天地鬼神万物，离却我的灵明，便没有天地鬼神万物了。我的灵明，离却天地鬼神万物，亦没有我的灵明。如此便是一气流通的，如何与他间隔得？

这个“天地鬼神”是什么？在西方哲学里是永远也说不清的；但“我的灵明便是天地鬼神的主宰”，这意思则是非常明白的。

所以看来，在形而上和形而下这两层概念里，中西是可以沟通的：在宋儒是“理”和“气”的关系，在西方（在马勒伯朗士）是“心灵和理性怀疑”和“感官”所提供的影像的关系。至于心灵之上还有一个圣奥古斯丁的“创造主”，或“神”，则是中国所没有的。

这里还可引朱熹为据：

> 天地之间，有理有气。理也者，形而上之道也，生物之本也；气也者，形而下之器也，生物之具也。是以人物之生，必禀此理，然后有性；必禀此气，然后有形。其性其形，虽不外乎一身，然其道器之间分际甚明，不可乱也。（《答黄道夫》）

这里没有主宰之神的地方。若说朱熹的“理”，或“形而上之道”相当于马勒伯朗士的“心灵”与“理性”；“气”或“形而下之道”相当于“感官”报道的物象，是没有什么不可以的。不过马勒伯朗士从龙华民等人那里得到一个对“理”的错误理解，竟以为“理”仍属于“物”的部分。而有些传教士从另一极端把“理”比附为即基督教之“神”，就更不着边际了。龙华民反对这些传教士的意见，正是因为，既然“理”是“物”的部分，岂可与“神”相攀比呢？

所以可以说，龙华民、马勒伯朗士等人是在没有弄懂朱熹的意思的情况下去批评宋明理学的，是隔靴搔痒。但有一点确实是说对了的，即在中国哲学里（包括宋明理学在内）没有西方宗教里的“神”的观念。在中国终是人为神之主。

1990年10月2日

（出自《书巢漫笔》）

马勒伯朗士与“中国哲学”

近些年来，中西文化交流或中西文化比较是很热门的话题。中西文化，义理各殊；所谓交流，说白了，就是相互认识。而由于种种原因，认识异质的文化，自然往往有正、有误。例如，据说利玛窦是很懂中国典籍的，自称“博览儒书”“历观古书”。他发现中国古书里常出现的“上帝”与西教的“天主”，归根到底是一回事，只不过是“特异以名也”（《天主实义》），于是说中国古儒敬天与西人之崇拜天主，左右差不多。直到清朝康熙年间，法国传教士白晋从北京给莱布尼茨写信还说，基督教教义几乎全部可以在中国典籍里找到。但是，就在利玛窦以“上帝”比附“天主”的时候，利氏的接班人、意籍传教士龙华民已经看出了那绝不仅是“特异以名”，而根本是两码事。老师健在的时候，龙华民为尊者讳，没有说出来。

除了把中国古书中的“上帝”的意思弄清楚以外，龙华民还触及了利玛窦有意回避的宋明理学。利玛窦本已发觉揉进了释家思想的宋儒对他传教不利，只是不想多说：“夫太极之理，本有精论，吾虽曾阅之，不敢直陈其辩，或容以他书传其要也。”（《天主实义》）只把中国先秦经传同宋明理学画了一条线，只承认前者是“真儒”，是与西教教义相通的。龙华民却不想打马虎眼，针对宋明理学宇宙观的“理”“气”之说，“直陈其辩”，指明中西文化歧异的最根结处就在于中国不承认西教的“创世说”，认为中国对神的态度是不可知论，是泛神论或自然神论，甚至说“中国哲学”是唯物主义的。那时在信奉“天主”的人看来，这些分明都是“异端”的特征。

龙华民的意见影响了尔后许多西方神学家、哲学家。17、18世纪之交，耶稣会内发生了一场关于如何看待中国传统礼仪、风习（祭天、祭孔、祭祖）的辩论，一种意见主张沿利玛窦成规，对中国礼俗持容忍态度，另一种意见认为中国礼俗与西教相悖，应予否定。龙华民的观点属后者。在争论过程中，罗马教皇几次下谕谴责中国传统礼仪风习、禁止教徒行祭祀之礼、不许再以中国古书中的“上帝”比附西教之“天主”，并屡派特使来华主其事。罗马教廷还在罗马和巴黎召开会议谴责那些无视教谕、附会中国礼仪风习的传教士。这件事在中国造成的结果则是从康熙晚年开始的“百年禁教”。一直对耶稣会的活动持宽容甚至庇护态度的康熙皇帝终于为罗马教廷三番五次的“禁谕”所激怒，最后索性在一份教廷“禁谕”上批道：“不必西洋人在中国行教，禁止可也，免得多事。”（《康熙与罗马教皇使节关系文书》）

这件事大家都了解，本用不着复述，这里絮叨几句，只是为了把下面要写的文章引出来。因为被马克思和恩格斯称为17世纪最伟大的形而上学哲学家之一的马勒伯朗士就是在这种历史背景下卷进了争论的。他以哲学家论战的姿态为罗马教廷助了一臂之力。

马勒伯朗士的小册子

18世纪初，在中国传教的德·利奥纳神甫回到了巴黎。对于马勒伯朗士来说，“有朋自远方来”，话题自然是老朋友在中国的见闻。这位神甫当是属于反对利玛窦传教成法的，他向马氏介绍了中国如何是一个不信教的国家，中国人如何不知“神”为何物，以儒立教如何礼拜祖宗，已皈依天主教的教徒如何照旧搞中国式的迷信，而欧洲去的一些传教士又如何非但视而不见，甚且加以附会，实在有失教职，等等。德·利奥纳神父在交谈中怂恿马勒伯朗士从哲学的角度，写篇文章驳斥“中国哲学的谬误”以维护教义的圣洁性，并且说由马勒伯朗士来做这件事是最合适不过的。马勒伯朗士接受了这个建议，文章取对话方式，虚拟一个基督教哲学家和一个中国哲学家进行对话，主题是“神的存在和性质”。文章的题目全称就叫《一个基督教哲学家和一个中国哲学家关于神的存在和性质的对话》。

文章写出来以后，还没有印出来，在中国的传教士就知道了。此时，康熙皇帝已明确支持利玛窦的传教方式，“反利”的传教士多已离去，因此，留在中国的多是“拥利”的。他们说马勒伯朗士把“无神论”的罪名无端地加在“中国哲学家”的头上，实际上是指桑骂槐。他们的意见发表在耶稣会的会刊上。于是马勒伯朗士又写了一篇文章申辩。后来，虚拟的对话和申辩合成了一个集子一起收进马氏全集。世人多知道马氏的代表作《真理的探求》，知道这个集子的人估计不多。

马氏从德·利奥纳口中了解的“中国哲学”，或者说从龙华民那里了解到的“中国哲学”，只不过是宋儒宇宙观中的“理”和“气”的关系那个部分，既非宋明理学的全部，更远不是“中国哲学”的全部。专挑出这两个概念来加以批驳，原因有二：第一，宋儒既然把“理”奉为至高至尊的真理，西教的创世、主世之“神”的位子就被“理”占据了。第二，既然说“理存于气”，而“气”又是物质，那么，“中国哲学”便是主张无神论的、至少是主张泛神论的。这两点都同“创世说”相抵牾，因而是传播基督教之大敌。

马勒伯朗士虚拟的“中国哲学家”开头是这样说的：“你们所说的‘天主’究何所指呢？我们一点儿也不认得他；我们只愿意相信那些凿凿有据的东西。所以我们只承认有气（即物）和体现至尊真理、智慧和正义的‘理’。‘理’是永恒地存诸‘气’的，是‘理’造就了‘气’，并且把它安排得井然有序，就像我们见到的样子……”①

虚拟的“基督教哲学家”，马勒伯朗士的化身，则辩说，照您这位“中国哲学家”的说法，既然“理”那样万能，那么，“您为什么认为‘理’不是自在的，反说‘理’在‘器’中呢？”②“为什么您把作为至高智慧的‘理’竟然降格到只能存于‘器’中这样的地位呢？”③此处，马勒伯朗士用

① [法]马勒伯朗士：《一个基督教哲学家和一个中国哲学家关于神的存在和性质的对话》，Oeuvres de Malbranche，Tome XV，Entretien d’un Philosophe Chr-tien et d’un Philosophe Chinois，Librairie Philosophique J.Vrin，1986，第3页。

② 同上书，第20页。

③ 同上书，第21页。

了“器”字，因为“气”也就是“器”。（朱熹说：“气也者，形而下之器也，生物之具也。”）通篇文章就在这种对立的意见之间辩来辩去。

马氏说，朱熹对“理”和“气”的关系所做的解释是自相矛盾的。朱熹的表述也确实不大划一。据我看，他至少有三种表述法。第一，多数说理在气先。例如说：“未有天地之先，毕竟也只是理，有此理便有此天地，若无此理便亦无天地，无人无物，都无该载了，有理便有气，流行发育万物。”又：“有是理便有是气，但理是本……”第二，有时说得比较含糊。如：“理未当离乎气。然理，形而上者；气，形而下者。自形而上下言，岂无先后？理无形，气便粗，有渣滓。”“理与气本无先后之可言。但推上去时，却如理在先、气在后相似。”虽然说得不大干脆，总还是“理在气先”的成分多些。第三，有时也说“理在气中”。如：“此本无先后之可言，然必欲推其所从来，则须说先有是理，然理又非别为一物，即存乎是气之中，无是气则是理亦无挂搭处。气则为金、木、水、火，理则为仁、义、礼、智。”（都见《朱子语类》）

但是，不论理在气先，还是气在理先，反正这个世界不是“神”造的。这正是“基督教哲学家”和“中国哲学家”根本扯不到一起的关键。因此，马勒伯朗士以“基督教哲学家”的名义反复宣讲时，就是：“神，就是无所不包的上帝，他自身无与伦比地体现了所有存在物中一切真实和完美的东西……所以，只有神才能立即在我们的灵魂中展现，只有神才是我们的生命、我们的光芒、我们的智慧。”①

假如单只从西洋“神”和中国“神”的不同内涵来看，龙华民和马勒伯朗士的理解并没有错。中国古籍里的神确是“泛神”“自然神”。譬如说“社稷山川之神”“上帝山川百神”等。清人洪亮吉解释说：“上古之所谓神者，山川社稷之各有司存是也。”（《意言》）这样的“神”与西教的“神”根本不搭界。至于像《左传》中说的“夫民，神之主也；是以圣王先成民而后致力于神”的“民为神主”的思想，就更为西教所无了。

马勒伯朗士承袭了笛卡尔学说，没有比笛卡尔更前进一步，在他的认识论里同样给“神”保留着最高权威的位置。他的认识论有三个层次。第一层是“感官的感知”，它可以“非常忠实、非常准确地向我们报道我们周围的一切物体与我们

① [法]马勒伯朗士：《一个基督教哲学家和一个中国哲学家关于神的存在和性质的对话》，第23页。

身体的关系”。[1]感官的全部作用即到此为止。第二层，认识进了一大步，进入所谓“心灵和理性怀疑”，即“由于谨慎、不轻信而怀疑，由于智慧、由于心灵洞察而怀疑”，这样的怀疑“是由光明产生的，反过来又以某种方式帮助产生光明”。[2]这是认识的深化。然而只有进入第三层的境界才达到认识的最高层，即“神”的境界。至此，认识才能算到了顶。他说：“人的心灵，从本性上说，可以说介乎它的创造主和各种有形创造物之间；因为按照圣奥古斯丁的说法，它以上只有神，它以下只有形体。”[3]万事万物皆备于“神”，这是任何“感官的感知”和“理性怀疑”都不能企及的。

马氏所理解的“中国哲学”则不同。朱熹认为“理，形而上者；气，形而下者”，到了“理”，认识就到了头，不再通向“神”。王阳明也是到了“我的灵明”就到了头：“可知充塞天地中间只有这个灵明，人只为形体自间隔了。我的灵明便是天地鬼神的主宰，天没有我的灵明，谁去仰他高？地没有我的灵明，谁去俯他深？……天地鬼神万物离却我的灵明，便没有天地鬼神万物了。”（《传习录》下）在王阳明那里也不通

① 《西方哲学原著选读》，下卷，商务印书馆，1986年，第471页。

② 同上书，第471页。

③ 同上书，第471页。

向“神”。

马勒伯朗士除与“中国哲学家”辩论外，还有一个重要关节万万忽略不得。即马氏是应了法国国内哲学斗争的需要而作这篇文章的。彼时，在文艺复兴和宗教革命之后，世俗哲学发展甚快，对教义时有不敬、攻讦之词，其影响最大的要属把“上帝”和“自然”画上等号的荷兰哲学家斯宾诺莎。影响所及不能不引起已见式微的神学的警觉和讨伐。加入讨伐行列的马勒伯朗士便是借批评“中国哲学”来批评斯宾诺莎主义的，而“中国哲学”也就在这当口被稀里糊涂地为斯宾诺莎当了箭靶子；批“中国哲学”，是为了批斯宾诺莎主义。马氏的“醉翁之意”正在于此。

然而，斯宾诺莎与“中国哲学”究竟何干呢？

斯宾诺莎与“中国哲学”

斯宾诺莎与“中国哲学”原并没有什么瓜葛，是马勒伯朗士硬给拉上关系的。马氏在答复耶稣会会士关于“把无神论的罪名无端地戴在中国哲学家头上”的责难时说，这原不过是一种譬喻，既然不能担保中国人中没有无神论者，那就不妨把“某个中国哲学家”虚拟为对话的一方；更何况这样做也不无根据，“因为大家都认为渎神的斯宾诺莎体系在这里（指欧洲）为害甚剧，而我又发觉斯宾诺莎的非神言论与‘我的中国哲学家’的言论之间有许多相同之处。”[1]马氏的小册子是1708年写完的。五年后，他于1713年9月29日给一个叫多尔图·德·梅朗的人写信重申说：“我固然不曾精确地指名反对作者（作者，指《伦理学》和《神学政治论》作者斯宾诺莎），但您或许可以在我二三年前（按应作五年前）写的《一个基督教哲学家和一个中国哲学家关于神的存在和性质的对话》中找到若干说明。”同年12月5日，他在另一通信中又说：“……他（斯宾诺莎）的错误就在于把永恒不变的、必然的理念同以理念为本原的物混在一起了。既然您手头有我那本小小的《对话》……我也就希望它能够向您说明白我所持的理由。”[2]看来，马勒伯朗士写《对话》确是指桑骂槐，不过针对的不只是提出辩难的在中国的耶稣会传教士，还有在欧洲的斯宾诺莎。

其实，“神”“物”并存并不是斯宾诺莎的首创。马克思和恩格斯说：“唯物主义是大不列颠的天生的产儿。大不列颠

① [法]马勒伯朗士：《一个基督教哲学家和一个中国哲学家关于神的存在和性质的对话》，第42页。

② 转引自[法]艾坚伯：《中国的欧洲》，1988，第354页。

的经院哲学家邓斯·司各脱就曾经问过自己：‘物质不能思维？’为了使这个奇迹能够实现，他求助于上帝的万能，即迫使神学本身来宣扬唯物主义。”①那么，是否可以说斯宾诺莎是17世纪的邓斯·司各脱呢？当然，斯宾诺莎生活的时期比起四个世纪以前的邓斯·司各脱时期，哲学已越来越不愿意充当神学的婢女了，那势头自然对神学构成威胁和挑战。因此，斯宾诺莎主义受到护神主义者马勒伯朗士的挞伐，是很自然的事。

然而从大的范畴看，斯宾诺莎绝不是，也不可能是彻底的无神论者。他的“主义”并没有排斥神的绝对性和普遍性。黑格尔说，在斯宾诺莎看来，“只有神是唯一的实体；自然世界用斯宾诺莎的话来说只不过是实体的变相、样式，并不是实体性的东西。因此斯宾诺莎主义是无世界论。世界、有限本质、宇宙、有限性并不是实体性的东西，——只有神才是。那些说他是无神论、申斥他是无神论的人所说的话的反面倒是真的：他那里大大地有神。”②

---

① 马克思、恩格斯：《神圣家族，或对批判的批判所做的批判》，中译本，人民出版社，第163页。

② 黑格尔：《哲学史讲演录》，中译本，第四册，商务印书馆，1983年，第99页。

总之，斯宾诺莎是把“精神、无限者与有限者在神中合一”，而不是坚定地把神看作驾乎万物万象的第三者，这似乎与宋儒的“理气混一”有相通处。马勒伯朗士发现“中国哲学”可用（用以影射斯宾诺莎），正在这里。

中西之分　义理之差

马勒伯朗士写那本小书是想收一石二鸟之功，其理已明。他隔雾看花地看中国，把朱夫子的几句话翻过来倒过去，囫囵吞枣地以为整个“中国哲学”就是这些，所以不能说他懂得多少“中国哲学”。不过他却有意无意地触到了当时中西文化不能相容的症结。那个时候，中西文化接触面甚窄，第一着就必定在“创世说”上显见出阻隔而无法打通。中西相遇，免不了要互相格义：西洋人以洋释中，中国人则以中释洋；有时解释得对，有时歪打正着，有时则根本不是那么回事。说到底，中西两学各有分殊，义理不同。中西文化面面相对，分殊必是基本的，否则也就用不着“交流”和“比较”了。以莎士比亚同关汉卿相比，除了比出各种分殊来，实在比不出什么相通点。把孔子比苏格拉底，把斯宾诺莎比朱熹，同样似是而非。中国学人可以把西学学得很深；西方学人也可以把中学学得很深，但中西两种学问终是两种学问。

还有一点联想到的，即熊十力先生曾有过一个见解，就是不要勉强用唯心、唯物之分来对待中国古代哲学。他说："西学唯心唯物之分，是剖割宇宙，逞臆取舍，不应事理。"[①]又说："中国哲学不妨以唯心唯物分派，而唯字是殊特义，非唯独义。此万不可不辨明者。若西学唯心、唯物之分，直将心物割裂，如一刀两断，不可融通，在中国哲学界中确无是事。中国人发明辩证法最早，而毕竟归本圆融。此处大可注意。辩证法本不为偏端之执也。"他的意见是："古学还他古学，不可乱他真相。若变乱之，是使思想长陷于浑沌，此有百害并无一利也。"[②]

熊十力一般被视为彻底的唯心主义大哲人。他的这些意见不无可取之处。治学之道，从不能轻易得来；许多道理都非简单地以三言两语便可了断。有的事理比较简单，一望可知；有些复杂的事理，就必须下功夫去思索。马克思和恩格斯在《神圣家族》中把斯宾诺莎和马勒伯朗士都放在从笛卡尔到莱布尼茨的形而上学大系列里，斯宾诺莎是后来才被冠以"杰出的唯

① 熊十力：《乾坤衍》自印本，第二分："广义"，第71页。

② 《玄圃论学集》，三联书店，1990年，第7页。

物主义者”和“无神论者”的，但这显然又与黑格尔的评价相左。然而黑格尔的见解，又另有人说是“歪曲”了斯宾诺莎……（这里，我没有丝毫意思要贬低斯氏向宗教权威质难在当时所起的惊世骇俗的作用）恩格斯讲费尔巴哈也是“两点论”，因为费尔巴哈对存在与思维的关系本极了然，可是一碰上宗教问题就从唯物主义滑向唯心主义了。我们的朱夫子似乎更复杂些。中国的一些古书，每每持辞过简，于是给后人添了许多注释上的麻烦，当然也因而给后人以驰骋才思、见仁见智的广阔余地。至若朱熹，也许更像“二元论”，就像列宁说康德，唯物主义看他像唯心主义，唯心主义看他像唯物主义。龙华民和马勒伯朗士是百分之百的唯心主义者，容不得一丝物的影子，于是就把凡有“二元论”色调的东西，都索性划归“唯物主义”了。

1991年5月

（出自《学海岸边》）

莱布尼茨与中国
——兼及“儒学”与欧洲启蒙时期

日前，在12月15日《中华读书报》上看到长文《文化视界中的澳门》，其中有几段话涉及“东学西渐”对西方社会的影响，说中国的古典哲学曾经帮助莱布尼茨创立德国古典思辨哲学，尔后传到沃尔夫，又为康德所吸收，一直影响到黑格尔和马克思。在法国则为“百科全书派”所吸收，以其无神论、唯物论和民主思想成为法国大革命的思想基础。在英国则感动了亚当·斯密，等等。如此推演，“中国古典哲学”简直成了欧洲近代文明的源泉了，连马克思主义也没有放过。

类似的说法在报刊上曾一再出现，都是以“定论”的口气出之，而不考究有什么根据。这类见解以其有利于弘扬民族传统文化，公开持异见的不多见。偶有些文章（包括我的）表示了不同意见，但从来没有引起注意。这篇文章即拟就“儒学”

与欧洲启蒙运动的关系，特别以莱布尼茨与中国为例，讲些个人看法。

中国“儒学”或“传统文化”对欧洲的启蒙运动是不是产生过影响呢？那么多传教士陆续到中国来，他们写回的见闻、译介的四书五经之类，还有流传到欧洲去的像《玉娇梨》之流的小说，各种东方情调的物件，怎能没有“影响”呢？问题是怎样评价这些影响。

在17、18世纪，西方把孔子与欧洲思想家相比的确实不少见。说苏格拉底是西方的孔子，算是最常见的比喻了，因为他们都是遥远时代的圣人。斯宾诺莎、歌德都曾被称为“欧洲的孔子”“魏玛的孔子”，等等。我们中国人特别喜欢说伏尔泰是西方的“孔门弟子”。最近又听说有把康德比作西方的孔子的。把这些凑在一起，颇能收渲染气氛之功。这类一般性的、顺口说出的比附，没有丝毫学理意义，更说明不了“儒学”对西方的影响。

有的比喻具有欧洲思想斗争的背景，拉孔子做了“陪衬”。如说斯宾诺莎相当于孔子。斯宾诺莎与孔子何干呢？把斯宾诺莎与孔子相比，是因为反对斯宾诺莎的神学家们认为斯宾诺莎主义会影响“泛神论”，而到过中国的传教士有一派就把“儒学”理解为“泛神论”。于是反对斯宾诺莎的一派便把斯宾诺莎比附孔子，以坐实斯宾诺莎的“泛神论”之罪。而在这些神学家眼里，“泛神论”等于“无神论”，是“离经叛道”的异端。所以在这里是从反面借助“儒学”。

伏尔泰据说他自称“孔门弟子”。这种自嘲式的比喻，很可能使我们中国人当中富于民族虚荣心的人得到若干满足，但却经不起认真的推敲。伏尔泰称道“仁者，人也”，奉康熙为开明君主，是伏尔泰在“借华讽法”，是“托华改制”。伏尔泰对法国的皇权专权不满。他的书受到整肃，同时残酷的宗教迫害尤其使伏尔泰非常愤慨。为此他多方奔走，呼吁正义，呼吁“宽容”。于是传教士带回的中国文化和对康熙皇帝的称颂，特别是康熙对天主教的“容忍”，便被伏尔泰视为可用；康熙统治下的中国社会被描述为“宽容的社会”，并以之同当时的法国社会相参照。伏尔泰是把大陆的理性主义和英伦的自由主义结合得最好的思想家之一，因而在18世纪的启蒙运动中起了突出的作用，与“儒学”风马牛不相及。

最为经常引用以证“儒学”对启蒙运动的欧洲产生了重大影响的例子，莫过于莱布尼茨了。问题是论者率多人云亦云，没有严格的论证，甚至不见得认真读过莱氏的有关论著。硬说莱布尼茨是受了《易经》的启发而发明了数学“二进位制”，即是最常见的错例。

如果看看莱氏的有关文字，不加主观的、带有倾向性的演绎，问题是不难廓清的。关键是要详究而不是大而化之，更不能想当然。最能依据的文字，我认为是如下两类：一类是莱布尼茨与在华的法国传教士的来往书信，汉诺威“莱布尼茨纪念馆”把这些信件辑成《莱布尼茨关于中国的通信集》。再就是莱布尼茨临终前写的一篇长文《论中国的自然神学》（或《论中国哲学》）。这两种文字应该是了解“莱布尼茨与中国”的权威性文献。

莱布尼茨首先是哲学家，也是数学家、物理学家，是一个通才型的学者。莱布尼茨涉及中国的文字在等身的学术著述中，只占着一种“边缘”的位置，所以这方面的话题必须放在他的总体思想体系的大框架里去研究。莱布尼茨的“中国观”是附属于他的思想体系的，这一点必须弄清楚。这部分问题在欧洲也主要只有汉学家们感兴趣，并作为专门问题反复考究；西方哲学史中述及莱布尼茨时，便极少或根本没有涉及这些问题。

据莱布尼茨晚年自述，他在少年时期就对哲学历史和诗学产生了兴趣；十五六岁年纪，常常独自一人在莱比锡近郊的一片森林中一边散步一边思索，满脑子都是该不该把经院哲学中的“实体形式”（substantial forms）保留在自己的哲学里之类的问题。稍后开始上逻辑课了，他觉得："这里面一定大有学问，我在范畴学里找到了极大的喜悦，它摆在我面前就像一本包括万事万物的手册，于是打开各种逻辑学的书，在里面去寻找最好的和最周详的那一种。我时常自问，也常向同学们讨教：这一事物或那一事物该当归于哪一个范畴或亚纲（sub class）里。"[①]莱布尼茨不停地思索着，莱布尼茨在世时，就以他的数学研究和计算法的发现而闻名。

渐渐地把关注点集中起来了，他要为数学和形而上学的结合找出一种"新方法"。这种"新方法"就是要创造出一种能够表示人类思想的字母或符号，他称之为"普世文字"（universal characteristic）。这些符号可以用数字来表示，因此是一种可以计算的算术符号；符号之间可以排列组合为各种联系，传达出各种信息，凡掌握了这种"文字"的人，不管天南地北，都能相互沟通。这样就能够使理性哲学——在当时莱布尼茨指的是基督教神学——像算术那样准确明晰。这种过程，就叫作"数学—哲学的研究过程"。

把思想用"符号"来表示，可以用数字来计算，从而把语言的隔阂、思维的繁复都简化为"符号"，莱布尼茨认为

---

① Leibniz，*Monadology*，etc，Introduction，Oxford，1898，p.2.

是“造化之谜”；虽然这种探索终其一生也没有得出什么结果，但是却不能不承认莱布尼茨具有超前的想象力。一次他在给法国神学家弗尤士（Verjus Antoine）的信中说：“我还有一项计划，是我从早年起就一直想着的……由于缺少足够的时间，又乏称职人手襄助其事，所以这项计划至今没能实施。这项计划就是要通过演算来发现和创造真理。那完全不同于数学，却能使真理像数学和几何学那样不容置疑。”这叫作“演算哲学”。

莱布尼茨的“造化之谜”在哲学上的进一步思索导向了他的“先定和谐论”（Pre established Harmony）。根据“先定和谐论”，世界本即是一个和谐的整体，这种“和谐”是神所“先定”的，宇宙万事万物都和谐地统在其中，任何矛盾、差异和冲突都将在“先定和谐论”中清解；除了神是绝对的，一切的一切都是相对的，所谓差别无非是“程度”（degree）的不同，而不是“类”（kind）的不同。只要发现了人人都能够掌握的这种“符号”，世界上的任何人都能用这把万能钥匙打开“真理”的锁。

就在探索这些问题的时候，莱布尼茨在罗马遇见了从中国回来的耶稣会传教士，从此对古老的中国文明产生了好奇心；既然东方有绵延几千年的文明，那就说不定早已存在着像“创世说”那样的普遍真理，也说不定有过表达普遍真理的初始文字，他甚至推想，希伯来人既然把真理传到西方，照理也会传向东方。于是他在与传教士的频频通信中，如饥似渴地要求他们向他提供中国的、印度的、日本的，以及其他东方民族的语言文字、历史、宗教和哲学、物理、数学、博物等各种情况。他根据这些材料编辑了一本《中国近事》，并在晚年写了未发出的给法国数学家德·雷蒙的长信，即《论中国的自然神学》。

从这些材料来看，比较有实际内容的是两类问题。第一类是《易经》，其实只是那张邵雍的“伏羲八卦方位图”。第二类是中国古籍中出现的“天”“上帝”“太极”“理”“气”等概念以及这些概念间的关系。

那张邵雍“八卦图”是法国传教士白晋（Jcachim Bouvet）寄给莱布尼茨的，白晋把自己对“八八六十四卦”的理解详详细细写在信里，说这张图囊括了所有学科的原理，是一套完备的“形而上学体系”，不仅有助于“重现远古中国人的正宗哲学，而且可能使整个民族了解真神之所在”，这张图还有助于“在所有学科中建立起应当恪守的自然方法”。白晋还说，看了莱布尼茨的“二进位制表”，发现与“八卦图”的原理丝毫不爽；因此莱布尼茨关于“普世文字”的设想与东方的古老文字符号的“真义”也许有共同的渊源，因为在神所决定的自然而和谐的秩序中，这一切都是必然的。[①]并说，基督教原理可以在中国古籍中找到。[②]

莱布尼茨从白晋的来信中大喜过望地发现那“八八六十四卦”里竟隐含有他十多年前发明的“二进位制”原理。他顿生“先得我心”之感，在复信中说：“这恰恰是二进位制数学，是这位伟大的创造者（指孔子）所掌握，而在几千年后由我发现的。”莱布尼茨出自传播基督教的责任感，认为“八卦图”的奥秘大有妙用，因为可以证明伏羲、孔夫子、基督神明都揭示了“造化之谜”，足可见基督教义与中华古义可以互参，他认为，更重要的，是用这个道理一定能更有效地使康熙皇帝和他的臣民们信服基督教乃是泽被寰宇的“万国”宗教，从而大有助于基督教在中国的传播。[③]

莱布尼茨是数学家，有几项对后世颇有影响的发明，最著名者有如与牛顿不谋而合地各自发明了“微积分”，制造出可以演算四则和开方的手摇计算器，等等。所以他发明数学二进

---

① 白晋1701年11月4日致莱布尼茨，原文见Leibniz,*Korrespondiert mit China*,Vittorio Klosfermann，1990，pp.147−163。

② 白晋1702年11月8日致莱布尼茨，原文见上书，p.173。

③ 莱布尼茨1703年5月18日致白晋，原文见Leibniz,*Korrespondiert mit China*,Vittorio Klosfermann，1990，pp.149−189。

位制是有长期的丰富数学素养作为基础的。更何况莱布尼茨的这些发明在前，得到“八卦图”在后，只凭这点“时间差”，就绝说不上他是在《易经》的启发下创造了“二进位制”。莱布尼茨的《易经》知识全部来自白晋；白晋根据自己的一知半解，把卜吉凶祸福这层原意隐去，用基督教神学加以穿凿附会；而莱布尼茨则原封不动地接受下来，写进了他最后著作之一《论中国的自然神学》里，实际上是“歪批”《易经》。莱布尼茨与《易经》的关系，大略就是如此。

莱布尼茨与中国哲学的第二类内容，是用神学格义中国的“天”“上帝”“太极”“理”“气”等概念。莱布尼茨晚年看到了耶稣会传教士龙华民（Longobardi,Nicolas）写的《关于中国宗教的若干问题》和方济会教士利安当（Santa Marie,Antoine de）写的《关于赴华传教的若干重要问题》。前述莱布尼茨的《论中国的自然神学》的前三部分就是对这些文字的评论和批评。

龙华民和利安当是反对利玛窦对中国文化持“调和态度”的。例如利玛窦认为中国经典中的“上帝”就是西教的“天主”。龙等则认为中国根本就是“无神论”，中国哲学的概念终归说的是“物质”，并不知“神”为何物。莱布尼茨反驳龙等的解释，认为中国和欧洲一样，同样是“有神论”；

他用他的“先定和谐论”（在哲学、神学上）和“教派融合论”（新教与旧教的融合、东西宗教的融合）来解释中国哲学的那些概念：既然整个自然界是神主宰的，是神所“先定”的、“和谐”的秩序，那么就没有什么说不圆的。当时，莱布尼茨关于“单子”（monads）的理论已经成熟；《单子论》（Monadology）写定于1714年，与《论中国的自然神学》同属莱布尼茨晚年著作，两文讨论的都是上帝及其存在、灵魂不朽、先定和谐等问题。后者没有使用“单子”这个概念，但是《单子论》的影子绰然可见，两文可以参比，是“姊妹篇”。中国哲学中的概念，无论先秦、宋儒，无论“天”“太极”“太虚”和“理”“气”，等等，都一律涂上了莱布尼茨的神学色彩。他是用“单子”学说理解中国哲学，又用中国哲学来反证“单子论”。他和龙华民用的都是“我注六经”法，只是说法不同，结论也相反，龙华民说出了“无神论”，莱布尼茨说出了“有神论”。

莱布尼茨终于在宋儒的“理”字上找到了可以把中西哲学沟通起来的桥梁。依他的解释，“理”相当于他的第一位的“简单实体”（simple substance），是内在的、高级的“单子”，是“气”这种低级“单子”之所由生，是精神，而不是龙华民所说的“物质”。至于那统率一切的“太极”则具备神的所有品格，它就相当于“GOD”。

莱布尼茨是欧洲前启蒙时期的哲学家，很善于从外界吸收营养以建立他自己的哲学体系。他对于包括中国文化在内的东方文化，抱着一种兼容和吸收的态度。不过要弄清楚一点，如果说兼容和吸收他所理解的“儒学”对他有什么“影响”的话，那就是莱布尼茨用来“佐证”和加强了他的神学，而不是推动他更接近启蒙。

据上所述，有两点可明：

一、所谓中国“儒学”对欧洲启蒙时期的思想影响，其源只能来自利玛窦起的耶稣会传教士，尤其是康熙年间在宫中行走的那些法国传教士们。这几乎是这个时期了解中国的唯一渠道。教士们口耳文字所传，很不一致。早期的利玛窦与龙华民对中国文化的理解即完全相反，有些观点是对立的。尔后利、龙两种意见在传教士们当中形成对立的两派，成为天主教内有名的中国“礼仪之争”。简言之，即对中国文化持“调和”或“求同”的态度和持“立异”或“批评”的态度。传教士的不同意见也影响了当时的知识界。莱布尼茨和伏尔泰属于前一种意见。莱氏以宋儒“理、气”之辩支持自己的“单子论”，以“八卦图”支持自己的“二进位制”。伏尔泰则以“儒学”中的“仁”概念支持自己的“宽容”论。而与莱布尼茨同时期的马勒伯朗士则本龙华民所见，以为“理、气”之说可与欧洲的“泛神论”相侔，攻为变相的“无神论”。孟德斯鸠与伏尔泰同时期，他从传教士那里得到的关于中国的印象也完全不同。看看《法意》[①]里中国人的形象，常不禁会使人想到鲁迅笔下的阿Q，怯懦、自私而又懒惰……所以传教士传递的信息和观感是很不一样的。

二、尤其从深层的思想看，无论是英伦的自由主义传统，还是西欧大陆的理性主义传统，与中国的传统文化完全是两股道上跑的车。前者的历史源泉是两希文明和基督教文明，经文艺复兴、宗教革命而通向近代启蒙思想，并导出民主与科学，后者的历史源泉及其传承路线是顾准所说的“史官文化”，专一地服务于当时的政治与道德。这一特点已为17、18世纪欧洲思想家所感到，伏尔泰就曾说中国哲学是“应用哲学”或“道德哲学”。

其实，今天说中国“儒学”启发了欧洲之启蒙运动者，并非新论。张君劢在20世纪40年代（或更早？）即曾说过：“吾国所谓理，所谓道，在关闭时代，不外乎仁义礼智孝悌忠信而已。孰知此理此道传至欧洲以后，乃复为理性主义，在知识

① Delesprit des lois，孟德斯鸠著。

方面为范畴为论理方法，在行为方面为道德为意志自由。”此“理”此“道”如何“变”成了欧洲的“理性主义”的，是不可能说得圆的，且张氏这段话本身已分明中国的“理”与欧洲的“理性”本是两码事。欧洲的“理性主义”自有其自身的历史人文渊源，不是外来的。欧洲人接触到宋儒的“理”时依音译为“Li”，有时还与“礼”混同，猜度大体与他们的“reason”相应，西文的“reason”与中国的“理”，在中文中虽都有个“理”字，但各属自己的道统，是互无连属的。

把中学与西学做比较研究，无疑是一很有兴趣的学术问题。在交通大开、地球变小的今天，各种文化得以有相互沟通、相互影响之便，自然有许多话可说。但如果说17、18世纪时“儒学”竟对欧洲的启蒙运动产生过多么大的影响（甚至说西方资本主义的诞生有东方文化，即中国文化的“推动”，并借美欧“后现代”名家以为助力），则实在是说不通的。历史是不应演绎的。

1999年12月改定于京中芳古园陋室

莱布尼茨的圆通之学

莱布尼茨之于中国哲学的看法，约略如次：

第一，用基督教“创世说”比照中国哲学，这是那个时期西欧思想家在神学先入为主的定见里的必然现象。他们不可能不那样，他们总是在他们成长的土壤里孕育他们的思想的。牢牢地坚持“创世说”，这是当时西方思想家共同的特点。若拿利玛窦、龙华民、马勒伯朗士和莱布尼茨相互参比，只是在用“创世说”格义中国哲学时做出了不同的解释。利和莱侧重与中国求同；龙和马则彻头彻尾地“立异”。利玛窦心里是很明白的，只是为了传教的方便，退一步是为了进一步，所以与中国哲学实行“妥协”。莱布尼茨则深刻多了，不仅是策略上的“妥协”，而且从理性神学的推理，推测出在中国远古的宗教思想里就已包蕴着自然神学的因素，而在自然神学和理性哲学之间，并不存在不可逾越的鸿沟。这是莱布尼茨深于利玛窦的地方，也是异于龙华民和马勒伯朗士的地方。

第二，莱布尼茨是用他的哲学体系来格义中国哲学的。莱布尼茨虽然没有念过中国书，但通过闵明我、李明，特别是白晋等传教士，隐隐约约地、一知半解地接触到三个时期的中国哲学。即以《易经》为主的古之六经、四书五经、宋明理学。在他看来，中国哲学中的许多道理都可以与他的哲学思想，特别是“先定和谐”论相合，或者说可以包容在他的“先定和谐”理论里。中国哲学的天地境界、人神境界、理气境界，实际上都是“先定”的，都能在运行之中达到“和谐”。“致中和，天地位焉，万物生焉”，实为一种“先定和谐”的宇宙起源论。这样的宇宙起源论，莱布尼茨认为也符合他的“单子论”。“先定和谐”的容量至大、极大，容得下宇宙万物，万物生生不已，动极而静，静极而动；充塞宇宙的无数单子之间，或相安，或互斥，都各有自己的位置；诸多矛盾、事物的辩证统一，万千运动，通通都可容纳在这包罗万象的、早已安排好的无比“和谐”之中。上律天时，下袭水土；譬如天地之无不持载，无不覆帱；譬如四时之错行，如日月之代明……莫不可用“先定和谐”来解释。所以，莱布尼茨也能理解“无极即太极”之理，也能接受“理在气先”之说。因为反正都是“先定”的。及至从白晋那里得知《周易》重卦的游戏、乾坤阴阳的重叠变化，莱布尼茨大喜过望，发现在远古的东方文明中竟有如此富于理性思维的经典。

然而，莱布尼茨于中国哲学中感到最不满足的，就是中国哲学里虽有“先定”的思想，但却从不把“先定”点破。莱布尼茨有意为中国的祭祖祭天的礼俗辩护，说不要太计较那些礼仪形式，因为那些礼拜可以最终引导到礼拜基督，因为中国人礼拜的对象最终是至高无上的“神”。问题是需要神启论对中国哲学加以引导和改造。神启论在莱布尼茨的哲学语汇里，就是“先定和谐”论。

第三，莱布尼茨的“教派融合”论应用在哲学上便是一种哲学上的调和主义。他认为，基督教的任何教派都可以在创世和神启的前提下结合起来，基督教教义应该具有最大限度的容量，足可以汇纳百川。不仅基督教内各种教派，就是基督教以外的属于思想、精神范畴的理论、学识、主张等，都不是与基督教的总教义对立的。莱布尼茨认为，中国哲学同样可以与基督教义相融合。“教派融合”本来用于基督教内各派的融合，莱布尼茨把它扩大了，扩大到了中国的“自然神学”，所以是一种放大了的“教派融合”。他在中国哲学中的形而上学（特别是“新儒家”）和《易经》中找到了可以实现东西方融通一体的心理，从而使基督教在吸收了东方文明以后成为名实相符的、贯通东西的“万国宗教”。

莱布尼茨的“教派融合”可能包含两层含义。一是莱布尼茨生活在前启蒙时期，欧洲还没有完全摆脱中世纪沉闷的空气，外界的些许新鲜空气都对欧洲社会文明的进步起着鼓舞作用，法国传教士们从中国传来的信息，使莱布尼茨感到清新，使他的哲学得到外域的滋养。他说：“鉴于我们的道德急剧衰败的现实，我认为，由中国派教士教我们自然神学的运用与实践，就像我们派教士去教他们由神启示的神学那样，是很有必要的。”

二是莱布尼茨无疑是利玛窦传教方式的推崇者，然而他更进一步的是，他适应了炮舰政策以前的文化扩张主义的需要。莱布尼茨赞赏中国文化，但他是一个欧洲中心主义者，欢呼中国哲学是为了渗入中国哲学的领地。为了打开中华帝国的大门，就只有用利玛窦的办法，而不是用龙华民的办法；要求同，而不是立异。而莱布尼茨则恰恰提供了“求同”的哲学基础。

莱布尼茨的哲学，是一种“圆通之学”，在他的眼界之内，方圆能周。这种哲学的一大特点是善于调和和吸收，伸缩性很大，像海绵一样。在这一点上，同中国的宋明理学也容易说到一块儿去。因为宋学便是融合圆通之学，宋儒与道释实是“你中有我，我中有你”。就像《老残游记》第九回里屿姑对申子平说的那一大段话。那确实是对新理学的深入浅出的评说。屿姑是这样说的：

> （宋儒）既非道士，又非和尚，其人也是俗装。他常说："儒、释、道三教，譬如三个铺面挂了三个招牌，其实都是卖的杂货，柴米油盐都是有的。不过儒家的铺子大些，佛、道的铺子小些，皆是无所不包的。"……共同处在诱人为善，引人处于大公。人人好公，则天下太平；人人营私，则天下大乱。惟儒家公到极处。你看，孔子一生遇了多少异端！如长沮、桀溺、荷蓧丈人等类，均不十分佩服孔子，而孔子反赞扬他们不置；是其公处，是其大处……

仔细咀嚼一番莱布尼茨，也是兼收并蓄的。他骨子里的神学没有使他像马勒伯朗士那样"铁杆儿"，他似乎并不怕同被指为"唯物主义"的中国哲学"划不清界限"。那时的神学家们忌"唯物主义"如仇雠。他们先给宋明理学扣上一顶"唯物主义"的帽子，当然是扣歪了。然后"划清界限"，并"株连"全部中国哲学。莱布尼茨没有取这种办法。莱布尼茨是个有点"修正主义"味道的折衷主义者。

1992年2月26日

（出自《书巢漫笔》）

莱布尼茨的“普遍文字”

不少书上说欧洲的启蒙运动是在中国的影响下发生的。有些中国人尤其喜欢听这样的话。在谈到此问题时，莱布尼茨是经常被提到的。莱氏确实对中国有很浓厚的兴趣，他与当时在华传教士的通信可以证明。但是，莱布尼茨为什么对中国有这样大的兴趣呢？从他同传教士们的通信中时时可以看到，他认为，增进同中国的互相了解，有助于更好地传播宗教；他是一个教派融合论者，他相信基督教不仅可以把基督教的多个教派调和在一起，还能够把其他宗教也纳入其彀中。所以在谈到莱布尼茨与中国的时候，他是以欧洲文化为主导的一方的。这本是一个不可能有人否认的事实。问题是当涉及莱氏对中国哲学的赞许的时候，有些人就难免有意无意地夸大了中国哲学的影响，以至认为莱氏“崇拜”儒学，甚至莱氏的“二进位制”是来自《周易》的了。

这是一种用放大镜观测某一细部的方法。

读一读莱氏在1677年写的《通向一种普遍文字》，对于莱氏全神贯注的问题是什么，可以有所了解。

莱布尼茨从孩提时起，就在探索一种“普遍文字”，借助于它，把形而上的概念化为“符号”，使不同的民族对之达到通解。这些“符号”可以用数量表示，于是，“这种语言的符号和文字，将会起到像计数的算术符号和计量的代数符号一样的作用”。他觉得“必然会创造出一种人类思想的字母，通过由它组成的联系和词的分析，其他一切都能被发现和判断”。

起先这些只是出自一些“灵感”，由此追踪下去，莱布尼茨不仅产生了一种发现新奇时的喜悦，而且一直坚定不移地上下求索。他确信，一定能找到一种方法，以和算术同样无比明晰的一种理性的哲学，去创立一种数学—哲学的研究过程，把道德和形而上学的命题都用计算的方法加以解析。

莱布尼茨同年另一文《综合科学序言》亦发其旨。如说：“……我们当前最需要做的是：根据一个审慎的计划和规模，做出某些实验（而不是通过那样常见的偶然的摸索），借以在其上建立一个稳当的和论证的物理学堡垒。”

他认为没有什么能够比数学更能够确切无误地检验论证是否正确，因为，“数学本身带有对自己的检验”，“倘若我们能找到一些字或符号适宜于表述我们的全部思想，像算术表明数字或几何学的分析表明线那样明确和正确的话，我们就能在一切科目中，在它们符合推理的范围内，完成像在算术和几何学中所完成的东西”。

莱布尼茨所追求的是对研究对象的科学论证。要做到这点，莱布尼茨认为只有用计算的方法，把一切概念性的东西都用简单的数字来表示，从数学的变换来了解概念。这样得出的论证，由于是计算出来的，所以准确无误，也就不会产生分歧。

他一辈子都在想这个问题。不能不佩服他这种一以贯之的精神，应该说是一个科学家应该具备的精神。为此他广泛地寻找材料，《周易》，确切说就是那个“八卦图”，是他遇到的他认为最有价值的材料。

简要地说，《周易》对莱布尼茨的启发就是这些。把爻变成数字，用爻卦的重叠表示数字的规律，莱氏从中看到了深意，然而这“深意”又是形而上里的什么，即那些人人理解各有不同的爻辞做何解释，则远非莱氏所能达到的了。

1995年12月17日

（出自《过眼小辑》）

莱布尼茨和“儒学”

平时在同朋友闲聊的时候，我曾说，时下有些文章把莱布尼茨与《易经》的关系说得很神，大有引古洋人为弘扬民族文化和重振儒学的助力之意，其实并没有理会莱布尼茨是怎样接触“儒学”，接触了哪些“儒学”，又到底为什么要接触“儒学”的。至少可以说是宽泛不审。那位朋友几次劝我写出来。我说写过了，即1993年第三期《读书》上刊出的《非作调人，稍通骑驿》。不过，我那篇小文虽然点出了不要夸大中国对启蒙运动的影响，现在看来确实不痛不痒、吞吞吐吐。近两三年又拿到些没看过的材料，如在汉诺威的莱布尼茨纪念馆根据馆藏手稿编辑的《莱布尼茨关于中国的通信集》等，使我的想法更明确了些。于是就决定写这篇东西；我不是专门针对本文开头提到的那种说法而发的；各有各的想法，我只写我的。

莱布尼茨首先是哲学家，说是神学家也许更恰当些。他在数学、力学等自然科学方面都有创造性的发现，称得上是大学者。但是他并不是所谓的“汉学家”。“莱布尼茨与中国”在他著述等身的研究当中，也只占着一种“边缘”的位置；所以这方面的话题必须放在他的哲学体系的框架里。莱布尼茨的“中国观”，是附属于他的哲学体系的，我想强调一下并不是多余的。

据莱布尼茨晚年自述，他考虑哲学问题在少年时期就开始了：十五六岁年纪，常常独自一人在莱比锡近郊的一片森林里漫步，满脑子都是该不该把经院派的“实体形式”（substantial forms）保留在自己的哲学里之类的问题。稍后开始上逻辑课了，他觉得：“这里面一定大有学问，我在范畴学里找到了极大的喜悦，它摆在我面前就像一本包括万事万物的花名册；于是打开各种‘逻辑学’的书，去到里面寻找最好的和最周详的那一种。我时常自问，也常向同学们讨教：这一事物或那一事物，该当归属在哪一个范畴或亚纲（sub class）里。”莱布尼茨不停地思索着，渐渐地把注意力集中起来了，他要为数学和形而上学的结合找出一种“新方法”。这种“新方法”就是要找到或创造出一种能够表示人类思想的符号或字母，他称作“普遍文字”（universal characteristic）。这些“符号”可以用数字来表示，因此是一种可以计算的算术符号；符号之间组成的各种联系，传达出各种信息，凡是掌握这种“普遍文字”的人，不管天南地北，都能了然于心。这样就能够使理性哲学像算术那样准确明晰。这种过程，就叫作“数学—哲学的研究过程”。

把思想转化为“符号”，可以用数字的加减来计算，把语言的隔阂、思维的繁复都用简单的“符号”来解决，这连莱布尼茨自己也认为是“造化之谜”。但是，这种探索，终其一生也没有结果。二十年后，他在给法国神学家弗尤士（Verjus，Antoine）的信中说：“我还有一项计划，是我从早年起就一直想着的……由于缺少足够的时间，又乏称职人手襄助其事，所以这项计划至今没能实施。这项计划就是要通过演算来发现和创造真理；那完全不等同于数学，却能使真理像数学和几何那样不容置疑。”这叫作“演算哲学”。

这并不是莱布尼茨的胡思乱想，因为根据他的哲学主旨“先定和谐论”（pre established harmony），世界本即是一个和谐的整体，这种“和谐”是神所“先定”的，能够把宇宙万事万物都和谐地统一起来，任何矛盾、差异和冲突都可以在“先定和谐”中消解；除了神是绝对的，一切的一切都是相对的，所谓差别无非是“程度”（degree）的差别，而不是“类”（kind）的不同。只要发现了人人都能掌握的这种“符号”，世界上的任何人就都能用这把万能钥匙打开“真理”的锁。

莱布尼茨正在想这些问题的时候，在罗马遇见了从中国回来的耶稣会传教士，从此开始对中国的古老文明产生了好奇心；既然东方有绵延几千年的文明，那就一定早就存在着像“创世说”那样的普遍真理，一定有过表达普遍真理的原始文字。他推想，远古的希伯来人定会把真理传到了东方。于是他就在同耶稣会传教士的频频通信中——在当时这是了解中国的唯一渠道——如饥似渴地了解中国的、印度的、日本的以及其他东方民族的语言文字、历史、宗教和哲学、物理、数学、博物等。他根据这些材料编辑出版了《中国近事》，他在“序言”中说：“全人类最伟大的文化和最发达的文明仿佛今天汇集在我们大陆的两端，即汇集在欧洲和位于地球另一端的东方的欧洲——支那（人们这样称呼它）。”因而确信两大文明必然可以找到沟通的桥梁。

现在习惯说莱布尼茨受了中国哲学的影响，这样说实在太笼统了；既然有了接触，自然就有影响，问题是哪些影响。从许多封通信和他死前写的、但未发出的给法国数学家德·雷蒙（De Rémond）的长信《论中国人的自然神学》来看，主要是两类内容：第一类是《易经》，其实是那张“伏羲八卦方位图”；第二类是中国古籍中出现的“天”“上帝”“太极”“理”“气”等概念和这些概念之间的关系。

“八卦图”是法国传教士白晋（Bouvet，Joachim）寄给他的。白晋是路易十四派到中国的六教士之一（其中一人死在半路上，所以实到五人），白晋和另一传教士张诚（Gerbillon，Jean Francois）留在了康熙的宫中。白、张二人做了不少事，如给康熙讲几何学，用满文写了数学书，康熙亲自作序；他们还在宫里造了一座化学实验室，编了一本人体解剖学，等等。传教士的“本职”工作是传教，康熙对基督教比较宽容，所以多数教士都把他奉为“开明天子”。白晋奉谕学习《易经》，根据故宫档案，康熙是屡次过问的，还亲自讲解，让他做笔记，当作“作业”给皇帝看。不过，白晋究竟懂了些什么，只有天知道；康熙本人的水平如何，怕也难说。白晋没有接触过任何像黄宗羲、胡渭那类“易”学行家，看来他那点儿《易经》知识无非来自康熙和一些官僚而已。那作为“作业”的“易经稿”似乎很难产。据方豪从梵蒂冈图书馆抄来的十份有关馆存文件中的最后一件，康熙于五十五年（1716）闰三月初二日谕大臣赵昌、王道化等给白晋传话：“……白晋他的《易经》，作亦可，不作亦可；他若要作，着他自己作，不必用一个别人，亦不必忙；俟他作完全时，再奏闻。钦此！”

白晋从第一天知道中国有个神秘而万能的《易经》起，至此时已经十来年了。从口气看，康熙给的分数不算高，也许是因为罗马教廷在中国传统“礼俗问题”上指手画脚惹恼了康熙，所以对传教士失去了前时的兴趣，连带着对白晋也有些冷淡了。

但是，白晋毕竟在这十来年当中断断续续地摆弄过《易经》，在脑子里总形成些印象，特别是邵雍传下来的那张“八卦图”，左看右看，莫测高深。白晋以为，那些阴阳两爻重叠组合，从数的排列上与柏拉图、毕达格拉斯的“数”观念很相像，与莱布尼茨二十多年前发明的“二进位制表”也相当契合，足见造物主泽被寰宇，并无分东西南北的。白晋忽发奇想，以为或许伏羲就是中国的造物主，伏羲甚至不一定准是中国人，而是世界最早的古哲之一。在白晋眼中，《易经》就是“八卦图”，作者是伏羲，里面包含了开天辟地以来的上至天象、下至地理的诸般学问。只是其原旨被后来的注家弄乱，在注释疏证里杂进了大量错误的和迷信的东西。白晋以上这些看法，直接影响了莱布尼茨。

莱布尼茨与白晋通信，大概是从1697年开始的。当时白晋正奉康熙圣旨自京返欧再物色几个传教士。12月莱布尼茨给在巴黎的白晋写了一封长信。内容大体上是：①称赞白晋给康熙讲哲学（即基督教）和数学，大有助于基督教进入皇帝和他的臣属的心中。②极高兴从白晋处了解更多的中国情况，以补充先时编辑的《中国近事》。③了解中国的语言文字，是了解中国历史的基础，所以希望寄赠中西文对照的字典以及左近东方各语种的字典。莱布尼茨认为东方诸语，必有相通处，沿中亚而西向，有些字根必随之而有传衍。④需要一本详细的中国编年史，以观察和比较中西远古情况。⑤莱布尼茨认为，中国的理论数学远远不能与西方相比，但是中国的长期历史实践，必然有可以为欧洲所需要的东西（指数学方面）。⑥莱布尼茨设想，中西哲学必是相容的；他以“力”的理论代替笛卡尔“实体”的广延，不知在中国可有此解。总之，中国的各种情况，如历史、伦理、政法、哲学、宗教、数理、工艺、医学、天文气象等，无不在他的兴趣之内。

第二年2月，白晋给在汉诺威的莱布尼茨复信，第一次提到了《易经》，写了他对“八卦图”的看法。说它囊括了所有学科的原理，是一套完备的形而上学体系，不仅有助于“重建远古中国人的正宗哲学，而且可能使整个民族了解真神之所在”；这张图还有助于“在所有学科中建立起应当恪守的自然方法”。他认为，可惜的是，其中真义后来竟不得其传；如果能使中国人重振先人的哲学，则是中国人接受基督教的一条方便途径。

白晋寄出这封信以后不久又回中国了。莱布尼茨看到这封信，产生了一种很新鲜的印象，因为以前得到的知识都是零星的、现象的，白晋的信则涉及形而上学，这正是莱布尼茨最关心的。他在给弗尤士的几封信中一再表示希望得到白晋更多的启发："我一直认为必须尽可能地给中国人的实践和学说一个正确的阐释，就像圣保罗在雅典看到陌生的神祇圣坛时所做的那样。"

1700年11月，白晋从北京托人转信给莱布尼茨，重申他对《易经》的看法，说远古的中国人从元始已有了"纯粹而洁净"的哲学，甚至比近代西方哲学还要"坚实而完备"。白晋认为，揆诸本源，伏羲之说与希伯来先哲是完全契合的。他在这封信里还以"八卦图"六十四卦的"数"字排列比附柏拉图和毕达格拉斯，来证明他是有根据的。

1701年2月，莱布尼茨函白晋，在讲过欧洲近来的许多科学发明之后，详详细细地介绍了他的"二进位制"，说一切数都是"壹"（unity）和"零"（zero）构成的，一如万物无一不是来自神和无。"壹"就是"1"，"无"是"0"。"一切数都是'壹'和'无'的各种结合，从'无'可以得出各种各样的结合，犹如说神从'无'中造成万物，而不必求助于任何原始材料；换言之，只有两个第一原则，即'神'和'无'：'神'代表完备，'无'代表不完备，或非实质。”这几句话很有些“天下万物生于有，有生于无”一类的味道。莱布尼茨在信里把“二进位制”的各种组合列成表，说这种“数”论一定能打动中国的哲学家们，甚至皇帝本人。

同年11月，白晋函莱布尼茨，寄来了“八卦图”。白晋说，看了莱布尼茨的“二进位制表”，觉得与“八卦图”的原理丝毫不爽，如阳爻可释为“1”，阴爻可释为“0”，六十四卦的组合排列，恰与“二进位制”相符。因此，白晋说，莱氏关于“普遍文字”的设想与东方的古老文字符号的“真义”一定有共同的渊源。因为在神所决定的“自然而和谐”的秩序中，这一切都是必然的。

以后，莱、白还有些信函来往，大体脱不出上述的范围。莱布尼茨《论中国人的自然哲学》的第四部分“论中华帝国创始者伏羲的文字与二进位制算术中所用的符号”，就是根据这些通信提供的材料写成的。莱布尼茨把白晋的观点差不多原样接受下来，所以，莱布尼茨对所谓《易经》的看法，应该说是他和白晋的共同看法。莱布尼茨与《易经》的关系，大略就是这些。

莱布尼茨与中国哲学的第二类内容，是用神学眼光解释中国的“天”“上帝”“太极”“理”“气”等概念。他这部分知识也全是从传教士那里来的。莱布尼茨晚年看到了法国数学家德·雷蒙给他的耶稣会教士龙华民（Longobardi，Nichola）

写的《关于中国宗教的若干问题》和方济会教士利安当写的《关于赴华传教的若干重要问题》。德·雷蒙要求他写一篇评论，这就是没有发出的长信，即《论中国人的自然哲学》。当时，德·雷蒙还给他看了马勒伯朗士虚拟的《一个基督教哲学家和一个中国哲学家的对话录》，不过在这封长信中没有提及。莱布尼茨的“儒学”知识多来自龙华民和利安当两篇文章中引用的材料，写了长信的前三部分，但做出的判断和结论却与龙、利截然相反。

龙华民和利安当是反对利玛窦对中国文明的“调和态度”的，例如，利玛窦认为中国经典中的“上帝”就是西教的“天主”，只是称呼不同而已。龙等认为中国根本就是“无神论”，中国哲学的概念终归说的是“物质”，并不知“神”为何物。莱布尼茨说中国与欧洲一样，同样是“有神论”；他用他的“先定和谐论”（在哲学、神学上）和“教派融和论”（新教与旧教的融合、东西宗教的融和）来解释中国哲学的那些概念和它们之间的关系。既然整个宇宙是神主宰的、“先定”的、“和谐”的秩序，那就没有什么是说不圆的。当时，莱布尼茨关于“单子”（monads）的理论，已经成熟；《单子论》（*Monadology*）写定于1714年，与《论中国人的自然哲学》同属莱氏晚期著作，两文讨论的都是上帝及其存在、人的灵魂、先定和谐等问题。后者没有使用“单子”这个词，但是“单子论”的影子通篇可见。两文可以相互参比，是“姊妹篇”。中国哲学中的概念，无分先秦、宋儒，无论“天”“太极”“太虚”和“理、气”，都一概涂上了莱布尼茨的神学色彩。莱布尼茨是用“单子”理论解释中国哲学，又用中国哲学来反证“单子论”。他和龙华民们用的都是“我注六经”法，只是注法相反，龙等注出了“无神论”，莱布尼茨注出了“有神论”。

所以，莱布尼茨对中国文化的看法，是有这个哲学背景的。莱布尼茨哲学是个很大的框架，最上一层是顶大帽子，即“先定和谐”，下面几根立柱，分别是“普遍文字”“二进位制”“充足理由原理”“单子论”等。天道人性、精神物质，统统都在这个大框架里安身立命。

莱布尼茨终于在宋儒的“理”字上找到了可以把中西哲学沟通起来的桥梁：“理”相当于他的第一位的“简单实体”（simple substance），是内在的、高级的“单子”，是“气”这种低级“单子”之所由生；是精神，而不是龙华民所说的“物质”。至于那统率一切的“太极”则具备神的所有品质，它就是“GOD”。“太极生两仪，两仪生四象，四象生八卦……”“太极”是万物的主宰和创造者。所以莱布尼茨发现，中西哲学相近相似处甚多，可以彼此遥契。陆九渊说，地无论南北东西，时无论千数百年，只要有“圣人出焉”，则“此心同也，此理同也”。莱布尼茨一定会赞同他的话。

莱布尼茨是自成体系的、神学家意义上的哲学家，他对于中国文化的理解带有很浓厚的神学气。在17世纪接近启蒙时期的哲学家当中，他比不上斯宾诺莎。莱布尼茨通过神学接触了力学和数学，并从笛卡尔向前迈出了一大步；但是，像微积分这样重大的发明却没有使他从原来的神学立场上后退一步。他比笛卡尔更为“有神”。他在一封信中说：“关于笛卡尔哲学，我毫不迟疑地绝对肯定它会导致无神论。”在另一封信里写道：他固然在许多方面很敬仰笛卡尔，但也“深信他的机械论充满错误，他的物理学过于粗率，他的几何学很有局限；他的形而上学则兼有这些乖谬。”莱布尼茨哲学的终极任务，是要非常坚定地以各种手段确证上帝的存在和全能。

一个像莱布尼茨这样好学、博学的人，虽然钟爱自己的哲学，但也善于从外界吸收营养。正如他晚年在信中说的，“每拿到一本新书，我就去从中寻找能学到什么，而不是先去找能批评什么”。他对于包括中国文化在内的东方文化，正是抱着一种兼容和吸收的态度。不过要弄清楚：如果说兼容和吸收过来的中国文化（准确些说，他理解的“儒学”）对他有什么影响的话，那就是“佐证”和加强了他的神学，而不是促使他更接近启蒙。

当然在中西文化交流史上，莱布尼茨无疑是位“有功之臣”。在那种时刻有这样有容乃大的学者胸怀，确实反映了欧洲走出中世纪樊篱、走向广阔天地的时代势向；只不过他没能抓住那跳动着的脉搏。后来的欧洲人在面对东方时，总不能绕过莱布尼茨的开拓之功。至于我们中国人，则常有一种特有的“自我中心”情结，喜欢听赞扬的话，不管那种赞扬出自何动机和是否在点子上，只要赞扬就好。所以在弘扬民族遗产的声浪中，对于着意倡导儒学的时贤来说，莱布尼茨和伏尔泰就常被提到，因为他们的话都比较中听；而像孟德斯鸠等虽也是从传教士那里了解到中国情况，看到的却是那极为不堪的一面，其实他提到的一些中华帝国的痼疾倒是比莱布尼茨、伏尔泰式的颂扬要真实得多，也辛辣和入木三分得多。把他的这类描写（如在《论法的精神》里）拿来与鲁迅讲国民劣根性相对照，会感到惊人的相像。孟德斯鸠不曾“崇拜”儒学，在放言中国如何影响了欧洲的启蒙运动、并认为有过某种“东化”之势的时候，自然是派不上用场的。

1996年4月于京中芳古园陋室

（出自《临窗碎墨》）

莱布尼茨的“造化之谜”

17世纪的德国哲学家莱布尼茨发明了“二进位制”数学，称之为“造化之谜”。近时，在我们这里的一些文章和讨论会中，经常可见一种说法，说莱布尼茨的这个二进位制是受了《易经》的启发而创造出来的，以此作为莱氏有“儒家情结”以及18世纪欧洲出现了所谓“中国热”的一个旁证。如今人云亦云，差不多已经成为定论了。我一向认为不是那么一回事，曾经正经写过文章的，如刊于今年《读书》第五期上的《莱布尼茨和“儒学”》等。不过我的这类文字“学究气”比较重，而且湮没在那么多鸿篇巨制之中，加之人微言轻，估计根本不会有谁留意。所以现在这篇短文就专拣出这个“二进位”问题说一说。

当然，说莱布尼茨与《易经》有些什么关系，倒也并不是完全子虚乌有。他在晚年确实从一个叫白晋的法国传教士那里得到过一张邵雍的“八卦图”，并且根据白晋提供的解释，发现那“八八六十四卦”里面隐隐含有他早些时候发明的二进位制的原理。他于是顿生“先得我心”之感，说：“这恰恰是二进位数学，是这位伟大的创造者（指孔子）所掌握，而在几千年之后由我发现的。”莱布尼茨还出自传播基督教的责任感，认为这“八卦图”的奥秘大有妙用；便在给他的传教士朋友们的信里一再说，这可以用来证明伏羲、孔夫子、基督神明都揭示了这个“造化之谜”，足可见基督教义与中华古义可以互参；他认为，用这个道理一定能更有效地使康熙皇帝和他的臣民们信服基督教乃是泽被寰宇的“万国”宗教，因而大有助于宗教在中国的传播。莱布尼茨是新教徒，但他的传教方法与耶稣会的利玛窦实出一辙。

其实，莱布尼茨和后来的伏尔泰都十分清楚：中国有的是“道德哲学”，或叫“应用哲学”，而在数学和纯粹哲学方面却是远逊于欧洲的。

莱布尼茨是数学家，有几项很有影响的发明，最著者有如与牛顿不谋而合地各自发明了“微积分”，制造出可以演算四则和开方的手摇计算器，等等。所以他发明数学二进位制是有长期的丰富数学素养作为基础的。何况莱布尼茨的这些发明在前，得到“八卦图”在后，只凭这一点“时间差”，就绝说不上他是在《易经》的启发下创造了“二进位制”的。莱布尼茨的《易经》知识（其实就是那张“八卦图”）全部来自白晋。白晋根据自己的一知半解，把卜吉凶这层原意隐去，用基督教神学加以附会穿凿；然后，莱布尼茨全盘接受下来，写在了他最后著作之一——《中国的自然神学》里。莱布尼茨与《易经》的关系，大略如此。

我看过一些欧美学者写的有关这个问题的文章，表述是比较留有余地的。例如，加拿大的秦家懿教授说，莱布尼茨发现“自己发明”的二进位数学在那张“八卦图”中“可以得到印证”。这就比直截了当说“二进位制”受了《易经》的影响一类武断的讲法，显然要确切得多，严谨得多了。

也许有人怪我过于胶柱鼓瑟，区区小事也值得这样钻牛角尖！不过，我毕竟算是个做学问的，做学问的一个“怪癖”就是较真，遇到过不去的事总想弄个明白，否则心里不舒服。此其一。第二，我以为更重要的是这里涉及问题的上下文。因为持此说者的用意，大多是为了要表明我们的祖先本是聪明过人的，曾经有过“过五关斩六将”的光荣历史，只是后来才落到后面去了。诸如此类的事例就是经常用来显示中国“儒学”如何之启发了欧洲的启蒙运动的。我想说，至少“二进位”之说在这里是派不上用场的。

写到这里，想到了清初即曾有过的“西学源于中土”的高论，据我所见到的，以康熙大帝说得最为简明扼要。他在向欧洲传教士们学了些数学物理之后说，这些“数象之学”，“源出自中国，传及于极西；西人守之不失，测量不已，增岁增修，所以得其差分之精密，非有他术也”（《康熙政要》）。原来西方的玩意儿，都是我们传去的，“非有他术也！”

最近若干年来又屡闻惊人之语，如《易》中有“市场经济”之类，似乎“西学源于中土”又来了！

日前一个朋友突然问我：你说西洋的“理性”（reason）与宋明理学什么关系！？我知道他在明知故问。然而，据说此间竟有人猜测其间必定是有什么“关系”了。朱夫子想必没有读柏拉图，那么所谓“关系”也许就该是西洋的“理性”来自宋儒了！这可真是一个“新闻”。当初莱布尼茨、伏尔泰等人从传教士处得知宋儒有“理”之一说，用的是音译“Li”，因为在西文中找不出对应的字；“reason”与“Li”直如风牛马，此“理”非彼“理”，明矣。任作比附，岂不乱了套。

（出自《临窗碎墨》）

中西之交中的莱布尼茨

我于西方的哲学家中，最喜欢的要属莱布尼茨和康德。

莱布尼茨在中国之所以出名，主要是因为他力主推进同中国的文化交流。当时的中国正值康熙盛世，也是康熙对传教士的知识抱有好感、容忍并鼓励传教士传播西方文化的那个年代。说“容忍”是因为康熙皇帝信奉的是东方宗教，但是默许传教士们有传播教理的自由。这一点赢得西欧的有自由思想的知识界的推崇。例如，当时的法国正在闹宗教派别斗争，每每造成流血事件，得势的一方不惜动用权力机构施以暴政。伏尔泰在《论宽容》的小册子中就引用了康熙“容忍”异教的例子，以呼吁教派间的互容。说“鼓励”，是因为康熙皇帝确实十分赞赏传教士们带来的科学知识。就在清廷里从康熙本人起搞起了小小规模的“文化交流”：康熙学外语、数学；洋教士们学《易经》。康熙的动作虽仅止于此（比俄国的彼得大帝差多了），也足够使传教士们兴奋不已了。莱布尼茨就是在这样的情况下从传教士那里了解到中国的一些情况的。

莱布尼茨是个博识饱学之士，他的以“单子”和“先定和谐”为基准的哲学思想体系在中年已经形成，因此从传教士那里得来的星星点点的邵雍“八卦图”的知识，很容易地便被他化解在他自己的哲学体系里，并引为“同道”。莱布尼茨的学术胸怀和眼界，自非传教士们可比，传教士透露的些许信息，莱布尼茨都可引为加强自己的哲学体系的助力。

后来每当谈到中西文化交流时，无论在中国还是在西欧，“莱布尼茨与中国”，都成了最著名的题目。大家都赞扬莱布尼茨在中西文化交流史中的不可忽视的作用，这是相同的。

相比之下，国外的论者一般地都把这个问题放在莱布尼茨哲学体系的框架里。而我国的某些论者则偏于把“莱布尼茨与中国”孤立于他的哲学体系之外来看待，喜欢说莱布尼茨的某些观点是受了中国儒学的影响，等等。殊不知，莱布尼茨首次看到邵雍“八卦图”时是在1701年，当时莱布尼茨已经55岁了，他的一系列基本观点，如数学上的“二进位制”，物理学中的连续性运动规律，形而上学中的“简单实体”“理由充足论”“先定和谐”等都已提出，因此所受中国的影响是颇为有限的。莱布尼茨哲学的源泉是基督教神学和对神学的批判，他的三部代表作《人类理性新论》《神正论》和《单子论》，反映了他几十年从神学起始，经过对柏拉图、笛卡尔、牛顿、洛克、斯宾诺莎的研究而出以己意，莱布尼茨从传教士的几封信中得到的所谓《易经》和宋儒“理、气”的知识，在莱布尼茨的广博学养中，实在不过尔尔，以至在《西方哲学史》中，“莱布尼茨与中国”的问题有的根本不着一字，有的只顺便提及。

莱布尼茨受中国儒学的影响之说，近来越说越玄乎了。有的文章曲折地示意说，似乎马克思的辩证唯物主义的来源也是在中国，那桥梁便是莱布尼茨；因为，李约瑟说，马克思主义的唯物辩证主义正是来自中国，他说，辩证唯物主义在西方的根源一个是黑格尔，另一个是莱布尼茨。而莱布尼茨是对中国极感兴趣的。李约瑟博士的圈子转得可不小，我们跟李约瑟博士转，那真不晓得要转到哪里去了。

这绝不是说莱布尼茨一点儿也没有受到中国的影响。无非是说这类事要恰如其分，而不可顺着“想当然”地想下去。早在清朝初年就曾有过“西学源于中土”的说法，那影子一直传了下来，只是表述方法有所不同。“东方智慧”可济现代文明之失，《易经》里有“市场经济”之类的妙谛，便都是。

应出版社之约，我正在编一本莱布尼茨的著作选本。我愿意做这件事。一是因为我喜欢这位哲学家的既神神道道，又非常入世；从他可以想见17世纪末期欧洲思想界的一些状况。二是因为在今天的中国，莱布尼茨之所以出名是由于他同中国的“特殊关系”；这一点经过放大镜一放大，变成“特写镜头”，莱布尼茨的形象于是在中国便走了样。

1997年3月20日

（出自《过眼小辑》）

莱布尼茨与中西之交

先前写了一篇《中西之交、义理分殊》，是从马勒伯朗士引起的。马氏根据龙华民的意见，把宋明理学的“理”附会为“物”，并说中国哲学与西教创世说完全是两回事。把“理”释为“物”，是不对的；说中国无西教创世说，则是说对了。

说“中西之分”，不可解为两块铁板，否则也太简单了。

莱布尼茨对中国宋明理学的了解，也是从龙华民那里来的，但与马氏不同。他认为，中国有自然神学的信仰，“理”其实就是“神”（上帝），经过基督教的“启示”（“天启”），这种自然神学是可以通向（上升为）“理性神学”的。

马、莱都从维护基督教神学出发，对“中国哲学”进行不同的解释。马取排斥态度，莱取融合态度；马取决裂（划清界限）的态度，莱取怀柔的态度。因此若以利玛窦为准，则马是反利的，而莱是亲利的。

两个人对宋明理学的理解都不对。莱布尼茨比马勒伯朗士少有经院哲学气息，多些哲学思辨性。莱布尼茨从方法论到对中国哲学的理解，都是以“单子论”（“先定和谐”）为起点的，把“理”释为一个包罗万象的、起着上帝作用的大“单子”。莱布尼茨的“单子论”，涂上了中国的色彩，可以叫作“单子理学论”。若以朱熹的“总天地万物之理，便是太极”之义论，那“天地万物之理”是许许多多的“单子”，总起来是一个万物为一的大“理”，即“太极”，即总体的“单子”。然而缺少的是那个“先定和谐”。

莱布尼茨确比马勒伯朗士有更大的容量，不仅想调和基督教的诸种教派，而且想把普天下的宗教都联合起来，当然是联合在基督教下面。显然，莱布尼茨接受了李明、白晋等法国传教士的看法，并且给以自己的哲学释义。

17世纪已是欧洲开始向欧洲以外探索的世纪了。欧洲的新兴资产者，一方面在向别的地方寻找“黄金国”，另一方面也用自己的哲学去感化“黄金国”里的异教人民。几个世纪以来，他们都在做着这件事情。法国学者奥利维埃·罗阿在他的《莱布尼茨和中国》的结论里有这样几段话：

莱布尼茨在新生的殖民主义的事业中也可得其所用。欧洲在中国没有什么可选择的，块头实在太大，必须找变通的法子：只有耶稣会会士的彬彬有礼的渗透政策能够使中央帝国向欧洲商业打开大门；那时借助大炮的时刻还没有敲响。为着使这项政策得以进行，莱布尼茨提出一些使之能够站得住脚的理论，让犹太—基督文明容纳世界上的异质文明，并且必要时制造行旅高僧的传奇故事。

……莱布尼茨曾以为，耶稣会会士们会成功的；他写是为了去干，去促进这条路，何况事情是大有可为的。在这之后，耶稣会会士们却失败了，使命被毁了，中国又回到神话的幻境中去了。对于《路易十四世纪》的伏尔泰来说，那是“黄金国”的所在地；在我们的18世纪见到的中国和直到鸦片战争打炮时的清王朝中国之间整个儿断了线，而炮声向欧洲人展示的则只是些“黄种人”而已；而耶稣会会士们如莱布尼茨笔下写的，不曾对中国的种族或中国人的“气质”有过一言半语，甚至没有瞥过一眼，因为莱布尼茨可能会说，他们是些人，是些有才智的人。

那么，他是否可能成功呢？这说得太容易了，就好像光凭聪明才智就能创造历史似的。莱布尼茨梦见的是世界；

耶稣会会士们，要谦虚些，或者说实际上却更高傲些，他们想的是教会。那时莱布尼茨这位不伦瑞克文职官员该做的，就是为主人制造能反映出他们高门望族的谱系。当他讲到埃及或中国时，谁也没有让他做什么。政治家们在这个文人面前耸耸肩膀说：这个人居然以为他出一个主意就可以决定一项政策。而正是为了论证某项政策，才叫御用文人们动笔的；然而，有些人竟心甘情愿地去做。

莱布尼茨是不是很自觉地就设想通过耶稣会士的办法来“演变”中国呢？这很难说。但从利玛窦儒服儒冠以传播天主教教义的做法来看，如果让莱布尼茨去当传教士，他也必定会像利玛窦那样做的。但这对中国也不一定就是坏事。第一，要相信，中国的哲学是变不了的：徐光启皈依天主教，但骨子里仍是中国一儒生；第二，思想是有感染力的，中国也可以影响外国，西欧启蒙思想就有来自中国的影响（当然绝对不能夸大这种影响）。奥利维埃·罗阿认为，当时，“感到窒息的欧洲需要一种视野更广阔、更开放、更‘进步’的思想；而中国就站在那里向人们表明，理性、才识和道德，既不需要仪式，也不需要教堂。莱布尼茨把中国的神话像圣洗的礼物一样送给了启蒙世纪”。

这，不能不说是莱布尼茨对中西之交的一个贡献，虽然，他主观上并不曾这样想过。

从中国的立场出发，是要马勒伯朗士的批判，还是要莱布尼茨的和解呢？

1991年8月23日

（出自《书巢漫笔》）

我看康德

跟康德对话真不容易——尤其是通过翻译。

然而，跟康德对话是绝对有兴味的事。

他抽象而又具体，“纯粹”而又“实际”，他信神而又不甘只做神的工具，他承认人生的苦难而又超越苦难——因为他根据理性的普遍和至高无上的准则确信：对抗产生统一，“非社会性”必然导向“社会性”，野蛮终于引出文明——这是一个哲学的命题，人类学的命题，历史学的命题。这难道还“抽象”吗?

他晚年向人们宣告：

> 大自然要使人类完完全全由其自己本身就能创造出来超乎其动物生存的、机械安排之上的一切东西，而且除了其自己本身不假手于本能，并仅凭自己的理性所获得的幸

福或美满而外，就不再分享任何其他的幸福或美满。

康德对人类的前途是满怀信心的，他认为，人类自身完全有能力凭借其全部“自然禀赋”（理性）从“最低的野蛮状态努力上升到最高的成熟状态以及思想方式的内在完满性，并且从而上升到（大地之上尽可能的）幸福状态”。这是对人类创造力的赞歌。康德不相信“本能”，不相信“天生”的东西，而是要依靠人类固有的理性本身来创造未来。他坚信：

> 把普遍的世界历史按照一场以人类物种的完美的公民结合状态为其宗旨的大自然计划来加以处理的这一哲学尝试，必须看作是可能的，并且甚至还是这一大自然的目标所需要的。

只念念不忘昨天，胸襟难免褊狭——以为昨天一切美好的，则不知今之何世；把昨天的苦难当成包袱的，则一心想从今天得到报偿。

只看到眼前利益，则斤斤计较于一时的得失，终日戚戚于怀，总是愤懑不平。

唯超越时空、远眺未来的人，才能思接千载，视通万里。

他从经验——感性开始，到达知性；又从知性到达纯粹理性。

然后他发现了纯粹理性的实践力量；确信人的行为能够执行指引人类社会的“道德律令”，走向人类社会学的合目的性高峰——康德称之为“普遍法治的公民社会”。

这是一个从人类社会学转向政治哲学或历史哲学的命题。康德说这是大自然给予人类的“最高任务”，把“外界法律之下的自由”（义务）和“不可抗拒的权力”结合起来。

康德是一个乐观主义者，或理想主义者。“我欲仁，斯仁至矣”。他不回避人间的苦难；但是他不像叔本华那样只是哀叹而无以自拔，他相信人的智慧能掌握理性：

> 大自然使人类的全部禀赋得以发展所采用的手段，就是人类在社会中的对抗性，但仅以这种对抗性终将成为人类合法秩序的原因为限。

康德同时又是现实主义者，因此他承认人类在社会中的对抗性；只不过对抗性（分裂、对立、斗争、战争等）应被理解为通向非对抗性的必由之路。以为康德学说中有现实主义内容者，吾尚未见之。此特指其对人类历史的观点而言。从康德到马克思，在哲学上是可以相通的。

但他的这些许“现实主义”与他在整体上的“理想主义”总要发生冲突。这也表现在对“人”的看法上。康德意念里的人——同是一个“人”字——时时具有两种悖论式的含义，他时常混起来使用。一种含义是指总体的、作为概念的、“物种”的人，相当于“人类”。这种“人”是抽象的、理性的。作为人类的“人”是理性存在者。当说人是“客观目的”时，他是指的“人类”。再一种含义是指一个个具体的“人”，活生生的“人”。这样单个的个人是现实存在的，这一个个人并不都是符合理性的，他们与作为人类的“人”的理性目的，不可能是一致的，甚至会是相左的。康德所说的“人”，有时指的是人类，有时指的是具体的人。康德希望每个具体的人都能成为理性存在者，这就需要有一座桥，让具体的人通过这座桥达到理性。这座桥就是为了实行“道德律令”的“意志自律”——通过“自律”与“他律”相符。

康德的乐观主义与莱布尼茨的“乐观主义”很不相同。康德的乐观主义来源于对人类社会发展的规律的认识，他常用的“大自然”“上帝”“天意”等等概念并不占很多的实际地位；而实际上，竟是实践理性的“道德律令”取得了神的位置——在康德那里，作为“绝对命令”的“道德律令”是“至善”，因而是“至尊”的。而莱布尼茨的乐观主义则完全和直接来自神赐，因而认为今天的世界乃是上帝所赐予的、最好的世界。康德的乐观主义是向前看的，莱布尼茨的乐观主义是对现状的满足，因而是向后看的。

人们在谈到康德的哲学贡献时，总是说他的“三大批判”如何如何。这不错。然而，我却觉得康德晚年的“第四批判”——理性批判的世界史观——更有意义。康德从人类学开始，经过哲学的漫长改造，进入了更高层次的人类社会学，使抽象思维结出硕大的果实——在他那个时期勾画出人类文明史的必然轨迹。

诚然，康德的“第四批判”同样充满了“二律背反”式的矛盾。哲学本来就该是揭示矛盾并且到最后又是在哲学范围内寻求矛盾之解决的。追求幸福与服从“道德律令”是一对矛盾：因为幸福是个人的欲望，道德则是来自纯粹理性的“命令”。前者对于人是现实的感受，后者却不是人在现实中能直接感受的。前者是现实主义的，后者是理想主义的。一个人为了使自己符合“道德律令”的要求，往往不得不牺牲一部分，甚至全部“幸福”，以求达到“至善”。相当于“灭人欲”以“存天理”。

政治与道德也是一对矛盾：前者是需要的，因为解决现实存在的问题需要它；后者更是需要的，因为人类社会从低级到高级的发展、从人类的“非社会性”到“社会性”——“普遍立法的公民社会”的发展，是“道德律”的最终体现。前者是现实主义的，后者是理想主义的。康德的表述如下：

……在客观上（在理论上），道德与政治之间根本就没有任何争论。反之，在主观上（在人类自私的倾向上，但它决不能称为实践，因为它并不建立在理性准则的基础上），则它却可能并且还会始终存在着，因为它充当了砥砺道德的磨石。而道德的真正勇气……在当前的情况下倒不在于以坚定的决心去面迎为此所必须承受的灾祸和牺牲，反而在于要看清楚我们自身之中远为危险的、狡诈的、欺骗而又诡辩的、炫弄人性的弱点在为一切违法侵犯权利的罪行进行辩护的那种恶的原则，并且战胜它那阴谋。

在这些晦涩、拗口的文字下面，其实是人人能懂的很平直的道理。它无非是说，道德与政治从根本上应是一致的，重要的在于人在从事政治时必须认清自己身上违反道德理性的弱点，从而克服之，以维护“道德”的真理性。所以康德认为，真正的政治应该先向道德“宣誓效忠”。他说：“尽管政治本身是一种艰难的艺术，然而它与道德的结合却根本不是什么艺术，因为只要双方互相冲突的时候，道德就会剪开政治所解不开的死结。”

康德的伦理学——道德高于政治和政治终于应当服从道德——用到历史观念上，则是指出了人类历史的发展终归要走向普遍的“法治社会”，在那样的社会里——无疑，康德认为那是人类的最高理想的社会；而由于它是先验理性的实践，因此它是可能实现的——任何人都将放弃一些“自己”的自由去换取“整体”的自由。那时的法将作为先验理性的实践而出现，因而是高于一切的“道德律令”。

当康德陷于对理性的沉思时，他好像很抽象，他的目的是要找出一条符合科学的、有普遍意义的认识世界的方法。他无法摆脱经验在知性发展中的作用，同时更无法颠覆掉先验理性在他的头脑中的支配地位，因为那是他的一切理论的源泉。可是除此之外，康德的思维运动便一马平川，非常之顺畅。而当他把纯粹理性应用于人类实践时，他却是非常现实的。他站得很高，看得很远——他的视界囊括了人类从低级阶段到高级阶段、从作为自然生物的人到在法的指导下获得自由与道德的高级社会“动物”的漫长过程。

这漫长的过程，在康德的眼睛里是一个充满了“恶”的世界——人的“动物性”“非社会性”所引起的那些罪恶灾祸发展到了极致。不过，康德站在人类历史发展的高度去看待这一切“恶”，把人间的对抗、厮杀、战争等看作是达到“善”、达到“永久和平”、达到普遍法治的公民社会的不可逾越的历史阶段。

总之在这里，康德提出了两个辩证问题：

一是人的“非社会性”一方面使个人、每个国家（或共同体）在同其他人、国家（共同体）的关系中处于不受外在法律约束的“自由状态”，因而不可避免地发生冲突，另一方面又会随着社会的进步在理性原则的引导下通向“有序的共同体”状态。

二是人类从野蛮人状态到法治的联合体状态，必定要经过战乱、灾难、痛苦……而这些战乱却又无意识地成为把人类社会引向国家与国家的新关系的反复尝试。因此在这期间，每每会发生反退现象，即“以野蛮的破坏再度消灭这种文明状态的本身以及全部迄今为止的文明的进步”。可见，康德的人类进化论，从恶到善、从低级到高级，并不是一条直线，社会才向前走了几步，人的“非社会性”（野蛮）又把它拉回原处，甚至比原来更糟的地步。

这就是说，人具有“非社会性”的“动物本能”，这种本能必定驱使人们滥用自由，不断地干扰别人的安宁与幸福；然而，正是这些纷争会迫使人们不断去寻求和建立某种试图避免冲突的法规，直到建立起有秩序的法治的人类公民社会。康德把这看作是一个“哲学方案”；他认为人的异于动物的能动性（理性）、人创造文化的能力，是“一个被创造物的全部自然禀赋”所决定的，“这些自然禀赋的宗旨就在于使用人的理性，它们将在人——作为大地之上唯一有理性的被创造物——的身上充分发展出来，但却只能是在物种身上而不是在每个人的身上”。

所以，康德本着他对理性的坚定信念，确信人类的前途——尽管它非常之遥远——并非虚幻。“在经过许多次改造性的革命之后，大自然以之为最高目标的东西——那就是作为一个基地而使人类物种的全部原始禀赋都将在它那里得到发展的一种普遍的世界公民状态——有朝一日终将会成为现实。”

康德是重视事物内部的固有规律的——他从物种进化的观点出发，从历史哲学的视野看到人类是怎样“合目的性地”，但却是十分艰难而曲折地走向自己的“令人欣慰的未来的远景的”。

但是，康德终于还是自己把自己捆住了，因为他实在无法说明白他所一再提出的哲学术语，如先验理性、道德律令等究竟指的什么。而如果不求助于“天启”，那么所谓“大自然的隐秘计划”到底是从哪里来的。康德既不信神，又割弃不了神，他给自己的“先验论”留下了不可知的空白。康德哲学的“底”就最终坐在“先验”上，至于是什么启动了先验，就只能存而不论了。

康德一生没有停止过思索，他的一生就是哲学。康德在一封信里说，他从不说没有思索过的话，当然从来也不追求虚伪的荣誉，只是执着地、静静地想着，想着。

康德的一生，除了哲学，别无他物；除了思索，没有别的活动。

1993年12月8日

（出自《书巢漫笔》）

康德与中国哲学

（一）

我以为，康德的“批判哲学”与中国哲学之间有一种默契，这是一件很有趣的事，因为中西之学不自觉地在纯然的学理深层不期而遇了。康德没有看过中国的书，也没有像莱布尼茨、伏尔泰等那样从传教士那里得到关于中国哲学的一知半解般的印象。然而，“肝胆楚越，万物皆一”，却因心理攸同而道术相通。我读康德，如有所得，这就是一个。

康德的书，实在不容易看懂；译成中文，更直如“天书”。难怪王国维发出这样的感叹：“余疲于哲学有日矣。哲学上之说，大都可爱者不可信，可信者不可爱。余知真理，而余又爱其谬误。”我读康德，每有同感。但也有乐趣，因为一路硬着头皮看下去，中文看不通，查英文，反复回旋，终于在恍惚中若有所悟，在朦胧中有似曾相识之感。有所感而说不出，是因为根本找不出哪怕是可以强作比附的词语、概念。但是，明明是风马牛不相及的“批判哲学”与中国哲学，却有如两条线，各自循自己的思维轨迹前行而不时地交叠在一起。我的这种感觉一直驱之不去，但久久苦于理不清楚为什么有这种感觉。有一次看到牟宗三先生几句话，好像豁然贯通了。这几句话就是：“康德的哲学可以做一个桥梁，把中国学问撑起来。即用康德哲学之概念架构把儒学之义理撑架开，进而充实、光大儒学。”能不能由此而“充实、光大儒学”，不好说；不过确实可以用康德学说的内涵精神和框架把中西哲学接通。近读《近思录》首卷周敦颐论“道体”诸语，越见牟氏见地之精。周敦颐的这些话，串起来看，是中国哲学的一份大纲，也是浓缩的康德哲学之大纲，其理义可以相通。

其实，哲学不论中西，大而化之地说可谓宇宙之学与生命之学。西哲自宇宙始，中哲自生命始。前者重自然，后者重道德。此非言西哲不言道德而中哲不言自然；侧重面有很大的不同而已。而康德能兼之，始于宇宙，终于道德。尤可注意者，中西哲学里面都有一个“人学”。“人学”无非是“人到底是什么？”和“人应该做怎样的人？”两大问题。前者是把“人”作为客观的“物自体”来看待，属于“to be”的范围。后者是伦理学意义的“人”，属于“ought to be”的范围。中国哲学讲生命之学、人性人心等，都是属于“人是什么”的范围的；然而，到此为止，而且语焉不详，侧重的是该做什么样的人：简言之就是要通过教化之推行来规范和矫正人的身心言行，使之达到规定的社会道德标准——“尽人之性”的目的是实现“圣人之德”，达到“无人欲之私”的道德顶峰。《大学》里齐家、治国、平天下的名言，核心是修身、正心、诚意。当然还有一句话：“欲诚其意者，先致其知；致知在格物。”整个一段话连起来看，包含了“认识论”与“合目的性”（purposive ness）的统一，次序是从“致知在格物”开始，最后是“平天下”。思维逻辑的路子是顺的；只是中国哲学的重点并不在这一头一尾，而是要突出中间这一段伦理的和政治的行为准则。

西哲则特重研究“to be”“being”。康德是把“to be”和“ought to be”结合得最紧密的。他研究作为“物自体”的“人”，研究“我思维着”的主体“我”，都讲的是“to be”问题，虽然他终归认为“物自体”是不可知的。接着他也研究使“我”成为完善的“我”、道德的“我”的理性依据。这便是“ought to be”问题了。康德在晚年的一封通信里说，他生死以之的“批判哲学”，搞的是四个大问题：一，我能够知道什么？（形而上学）二，我应该做什么？（道德）

三，我可以希望什么？（宗教）四，总之，人是什么？（人类学）在康德，“人”既是作为物种的“人”，又是一个个具体的人；既是“自然秉赋”的“人”，又是体现“道德律令”的“人”。人的道德源于人的“自然秉赋”（纯粹理性）。而教化之功、美育之功——所谓“有探讨、有训练、有教导”的努力——则是康德用以联结人的“自然秉赋”和最高的道德标准的不可或缺的纽带。因为，人固然具有纯然理性的“自然秉赋”，但也有自私自利的“动物性”和“非社会性”（unsociability），而且后者是要长期存在的、并且是人类社会种种对抗和冲突的根源，所以需要教育来加以改造。

去掉了人的“动物性”“非社会性”，人的幸福观和道德观、政治和道德，就将可以统一在道德的“绝对命令”之下，纯粹理性就将完满于实践理性，“三大批判”的主题于是连成一气；到那时，人类社会就将达到完美的“至善”境界。因此，“to be”与“ought to be”在康德的人类学里是文章的上下篇，是浑然一体的。而康德的所谓“至善”境界，其精神与“欲明明德于天下”，与“为万世开太平”恰是同一思路，同一归趋；康德叫作“普遍法治的公民社会”。

因此，从康德的晦涩而枯燥的文字跳出来，就可以顿然“会当凌绝顶”，发现康德的意图可以包容中国哲学的伦理内涵，而用中国哲学体察“道德律令”和“意志自律”，也照样可以通行。

陆象山说：“东海有圣人出焉，此心同也，此理同也。西海有圣人出焉，此心同也，此理同也。南海北海有圣人出焉，此心同也，此理同也。千百世之上，至千百世之下，有圣人出焉，此心此理亦莫不同也。”钱锺书先生也说：“东海西海，心理攸同；南学北学，道术未裂。”康德和中国哲学的默契，说明学问到了至深至厚的程度原是可以，而且应当贯通的。

1994年4月

（出自《学海岸边》）

（二）

牟宗三认为康德可以作为中国哲学与西方哲学的一座桥梁。这个见解是打开隔断中西哲学之大门的一把钥匙，其学术意义甚大。

近读《近思录》首卷周濂溪（即周敦颐）论“道体”诸语，越见牟氏见地之精。

周敦颐的这些话，串起来看是中国哲学的一份大纲，亦是浓缩的康德哲学之大纲，其理义可以相通。

哲学者，宇宙之学与生命之学也。西哲自宇宙始，是为自然哲学；中哲自生命始，是为道德哲学。此非言西哲不言道德而中哲不言宇宙也，但侧重面有所不同。而康德能兼之，且始于自然哲学，终于道德哲学，故可为桥梁。

余所阙者，于自然哲学不通数力之学，于生命之学又不解《易经》，宜其不能贯通其间也。此此生之大憾也。

1994年4月25日

（出自《书巢漫笔》）

（三）

康德以“出现”为思想（概念、精神）之外表的呈现，而“出现”绝非思想的外观，故“表现”出来的并不就是思想（概念、精神）的全体。所以，“出现”（呈现）反映思想，却并不等同于思想。“出现”不能反映本质。

“出现”略相当于中国的“形”，而思想（概念、精神、灵魂、本体、自然、理念、理想、理性……）略相当于“像”。

《楚辞·天问》：“冯翼惟像，何以识之？”“冯翼”，《诗》曰：“有冯有翼。”《传》曰：“道可冯依以为辅翼也。”此训太实。闻一多疏证：“冯翼”，元气满盛之貌。据《广雅·释训》：“冯冯翼翼，元气也。”故“冯翼”属本体，属物自体。闻氏又训“像”为“象”。《韩非子·解老篇》曰：“故诸人之所以意想者，皆谓之象也。”《韩诗外传》八曰：“未见凤凰，惟思凤象。”闻氏释曰：“是无实形可睹而但可拟想者谓之象，故《老子》四十一章曰：‘大象无形’。《淮南子·原道篇》曰：‘网不若无形之象。’……”又，《淮南子·精神篇》曰：“古未有天地之时，惟象无形……”

但康德认为“象”可以有“形”，但那“形”永远不可能完整地反映“象”。至于作为本体的“象”究竟是怎样的，康德同样以为无法确知。终于仍归于“冯翼惟像，何以识之”。所以，这本体在中国哲学和西方哲学中都是不可知之的。

本质和现象的关系，是哲学中一大命题，此亦中西皆通者。

1994年4月26日

（出自《书巢漫笔》）

（四）

康德描述人类理性证明最高存在者的存在是取如下的自然

过程的。第一，“理性自己认为某一个必然的存在是必须有的，它把这个存在看为是具有无条件的存在的。”第二，“它就寻找能被设想为独立于一切条件的东西，而在一个本身是一切其他东西的充足条件的东西里面找着它，就是包含一切实在性的东西。”因此，“最高存在者必然是要作为一切东西的原始条件而存在。”循此，康德得出：“这个存在的概念是和绝对的必然性这理念是协调的。”

这是属于“being”问题的。康德并不满足于这个“自然过程”的论证，因为它没有找出最高存在者何以必然存在的原因。这个“最高存在者”在自然的神学中便是“上帝”，“上帝”的存在是无条件的。中国没有“上帝”，但是也有一个“最高存在者”，那就是“天”。“天”并不是形而下的、物质的“天”，它是形而上的永恒必然的（无条件的）存在。“天”的概念，便是“天命”，“天”与“天命”是相协调的。同样，中国哲学也没有解决“天”何以是必然存在的，而且丝毫也不想像康德那样去做徒劳的努力。

1994年4月28日

（出自《书巢漫笔》）

（五）

陆象山说：“东海有圣人出焉，此心同也，此理同也。西海有圣人出焉，此心同也，此理同也。南海北海有圣人出焉，此心同也，此理同也。千百世之上，至千百世之下，有圣人出焉，此心此理亦莫不同也。”（钱锺书“东海西海，心理攸同；南学北学，道术未裂”，同此意。）

其所以“同”者，在于都有一个打破砂锅纹（问）到底的究竟、至极的理想。这个“至极”的东西，在西方哲学中有两条通道可致：一是绝对的、至尊的、无条件的存在，即“上帝”；一是通过知性上升到理性。这种“上升”不是无条件的，它不可能完全从经验中抽出来。例如，“道德律”往往会受到义务的干扰，因而在这种情况下，“道德”就无法是纯然的，就无法是形而上的。所以康德认为，“道德”只有把义务的成分滤掉才是纯粹的道德；这就是道德的形而上学，至此，道德、理性、上帝就一致起来了。

中国哲学可以与西方哲学找到相通的心理，因为，中国哲学也要追求一个至极的境界，最终实现道德之圆满。然而，中国哲学到达此境界的道路，更重在“自省”，重在把人性之本然发现和发挥出来。既不是靠知识，也不是靠“上帝”，而是靠自己内在的“亲亲、仁民、爱物”，靠“率性之谓道”、靠“人皆有不忍人之心”，靠“动心忍性”——总之，靠的是“内圣”。伊川、朱子讲“即物穷理”，但“德性”仍占首位。朱陆“鹅湖”之争，其实没有什么了不起的分歧。所以，中国哲学一下子便可通到道德的形而上学。按牟宗三的说法，而且是通过“智的直觉”直统统地实现的。因此，中国哲学是比康德更加彻底的唯心主义。同时，中国哲学无须求助于上帝，“天”具有比西方的“上帝”象征性更多的意义。

撇开上帝，在道德的形而上问题上，东西可说是“此心同也，此理同也”。

1994年5月6日

（出自《书巢漫笔》）

冯友兰与康德

最近，我突然发现冯友兰与康德有相似的地方。就是都能把不同类，甚至相左的事情，加以融会贯通，最后归一到一个兼容并蓄的大境界里。“万物皆备于我。”冯先生把万物都备于他的四种境界中去。在今天的历史条件下，可以把马克思、柏格森、欧洲古典哲学等，都纳入中国的“天人境界”中去。

康德则是用先验理性原则把二律背反范畴里的问题通通解决了。凡人世间的一切矛盾都是理性（他有时用“自然”，有时用“天意”，有时还用“无上命令”，等等）在先天就决定了的。理性让各种矛盾存在，理性又可以化解它们。理性决定了人类社会最终必将归于一个世界大同境界，虽然理性同样也决定了人类必然有一个分裂、纷争、相互倾轧的民族国家时期。理性既决定了这个，又决定了那个。而在实现大同世界以前，就要靠道德规范、法来制约。当然，这种道德规范、法，也是理性的体现。法，属于政治范畴，政治本应服从道德；但在现实中，政治时时表现为与道德的背离，表现出相当大的“权宜”性。但政治最终应服从理性的道德“命令”而达到政治与道德的统一。康德认为，理性从本质上是谴责战争的，然而，交战双方又都说自己属于正义的一方，都有充足理由与对方作战。在人类的野蛮时代，没有法庭可以裁决是非，有了法，便可以用法来约束了。这一切都符合理性的先验规定。二律背反中的问题在现世都无法解决，拿到理性世界就一通百通。所以，在康德那里，理性是个无所不包的法宝，也是“万物皆备于我”。

冯友兰与康德很不同的一点是，冯不承认“此岸”“彼岸”之分，即不像康德心中有个“彼岸”。马克思曾说，康德的道德律不是宗教，因为道德的基础是“自律”，而宗教的基础是“他律”。但康德归根到底还是有“彼岸世界”，即他的道德律最终仍是“他律”。因为他说不清“理性”到底是什么和在哪里，似乎是“此岸”所抓不到的，因此他时时要变换着“自然”“造物主”“天意”之类的概念。在冯先生那里，则没有这些纠缠不清的情结，他的“新理学”完全是现世的。

冯先生和康德都遇到了许多难解决的问题，但最后都达到了方圆能周、异道相安的境界。冯先生承绪中国哲学时时存而不论的传统，力求尽可能地在现世中彻悟，不能彻悟的便存之于天地之间。康德则把无法解悟的事，在努力到尽头时推给“彼岸”。

冯、康还有一点不一样，是风格上的不一样：冯先生能把极复杂的事说得很易解，所谓深入浅出；康德则力求科学逻辑的绝对严密无缝隙，因此每每把本来不那么复杂的事说得很复杂。

1986年6月28日

（出自《书巢漫笔》）

牟宗三与康德

牟宗三去年（1995）过世。牟氏著作等身，早年宗熊十力，所以他于哲学的研究，颇重视佛学的哲学意义，由释返儒，这是熊十力的道路。而牟氏于哲学的贡献，最重要的在于他对中西两学的深层融通，而不只限于概念、词语上的比较和比附，是提升到人类智慧、识见的水准，把中西哲学做贯通的理解。诚如他说的：“柏拉图、亚里士多德、宗教耶稣、圣多玛、近世笛卡尔、莱布尼茨、陆克、休谟、康德、罗素，代表西方之慧解；孔、孟、老、庄、王弼、向秀、郭象、智俨、荆溪、知礼、杜顺、贤首、濂溪、横渠、二程、朱子、五峰、象山、阳明、龙溪、刘蕺山，代表中国之慧解。”这两种慧解本是各行其道，而达到相当高的智慧，不论其为东、为西，就可以实现心领神悟的通解，而两相消融。

于是牟宗三提出："中西融通之桥梁乃在康德。"因为"古今哲人，辨力之强，建构力之大，莫过于康德"。牟氏于康德哲学用力甚勤，他发现，康德的人类理性的"至善境界"（所谓"人类理性的立法"）把"是什么"的自然哲学和"应当是什么"的道德哲学结合为整一的哲学体系，知性和理性的区别和统一，等等，都可以作为一种架构把中国的儒道释哲学撑起来。这不仅是方法问题，而且是说东西智慧发展到足够的高度的时候，相互间是可以彼此理解的。说康德的"建构力"很大，就是说他能够容纳和消解中国哲学。中国哲学从古到今一路下来，须得把它"系统化"起来，这诚然是哲学史的工作，然而要把它的哲学内涵实现出来，单靠逐句疏解是不行的，就如牟氏说的，中国哲学"多圆融平实"，而"圆融平实"是一种很高的境界，如果达不到这个境界，就会流于昏沉和肤浅。所以中国古书，从前的三家村学究们，可以倒背如流，充其量可作为律己责人的戒条，但对里面内蕴的哲理，却茫然无所悟。

这就是说，中国哲学"须建构以充之"。牟氏的意见就是用康德的"建构"以充之。当然绝不是"对号入座"般的把中国哲学图解般地"建构"起来，而是从中更深刻而准确地理解两种"慧解"。

这种康德的“建构”看来有这样几个层次。

最上层是“至善”这一层，在哲学是最高境界，道德上达到了圆善圆满的境界，所谓“理性立法”，世界万物都自觉地受理性的管制。从人类社会发展的眼光看，就是“世界大同”，天下万物都能体仁、归仁。

达到这种理性境界，按照西方哲学经历过基督教的潜移默化，自然上帝是起最大作用的，因为一切都是他安排的。但是在做论证的时候，“上帝”却起不了实际作用，上帝属于信仰的事。“信仰”，是无理可说的；所以上帝不解决“论证”的问题。论证还要靠凡人讲道理。康德的理论虽然很深奥晦涩，可是他是凡人讲道理。说上帝相当于中国的“天”，是至高无上的。但是中国的“天”没有那么深的宗教意味。

凡人讲道理，最要紧的是靠“知性”。康德特重理性，然而他同样坚持理性必通过知性才能达到。所以康德讲的许多道理都是讲“知性”，讲understanding。而不是直通通地就达到了理性。康德的话看起来空，其实它很实。那个理性是建筑在厚厚的知性上的。所以道德也是从知性来，是智慧达到了很高的程度才有了道德。它不仅仅是心性的体验。中国常是把道德和知识分开的，有没有知识与有没有道德是两码事。陆九渊与朱熹的争论开始时就在这里。所谓“鹅湖之辩”。后来朱熹做总结，跟陆九渊和解了。用康德的观点来“建构”，“知性”和“理性”原是一股道上的事。牟先生很重视康德的这个认识。康德的看法近儒不近佛。佛讲顿悟或渐悟，儒就需要知的支撑。牟先生师法熊十力，从佛入儒，所以他觉得康德很亲切。他说：“熊先生每常劝人为学进德勿轻忽知识，勿低视思辨。知识不足，则无资以运转；思辨不足，则浮泛而笼统。空谈修养，空说立志，虚馁迂陋，终立不起，亦无所修，亦无所养。纵有颖悟，亦是浮明；纵有性情，亦浸灌不深，枯萎以死。”这虽是讲的熊先生，从中也可看到牟先生对康德的领悟。牟先生在不少地方建议后学特别要重视康德的知性。唯其如此，那理性才不是空的。盖理性必有一长时期的知性做准备也。

牟氏所言“建构”，源亦出于康德。康德云：“夫建构（architectonic）一辞，乃建筑一系统之术也。如无系统的整一体，则我们的知识不能成为学问。它将是一种总合，但却不是体系。因此之故，精确的知识的学说必是建构性的，并且必定因而形成我们的方法。”“所谓体系，意即在一种观念下的各种知识的整一体。”“科学的观念包括目的和符合于此目的的全部形式。”部分必须服从整体，不能偏离最终目的。所以，“哲学是全部哲学知识的体系”。

哲学，用康德的术语，就是“人类理性的立法”。它包含两方面内容，就是说，“人类理性”像法官一样，它要裁判的是两个对象物，即自然和自由。因此，这个“立法”，不仅包括自然的各种法律（法则），而且也包括道德的法律；它们起初分属两个互不从属的体系，到最后便汇合成为一个认识的最高的哲学体系（onegrand philosophical system of cognition）。“自然的哲学讨论的是一切归于是什么的问题，而道德的哲学则讨论应当是什么的问题。”

至此，康德的“大建构”已经出来了。牟宗三正是看中了这个“大建构”，这个“建构”确实可以把中国哲学“撑”起来。康德没有像莱布尼茨那样理解伏羲的“八卦图”，但是他与中国哲学却可以相互包容。牟氏认为，康德的图式与中国哲学有一种深层通感，康德的“建构”体系的方法可以把中西哲学沟通起来；而中国哲学之智的直觉又可以“补充”康德。为什么这样说呢？我想，康德的局限性在基督教，而中国哲学没有这个限制，可以继续无止境地想下去。但中国哲学有另外的局限性，即它总离不开政治，离不开“经世致用”，不独立。说康德的“构建”可以把中国儒学“撑”起来，一则在于这样看出中国哲学之可以成为体系；二则从内容上看，中西“慧解”之可以融通。

牟氏是否这样理解康德的桥梁作用的？我不知道。目前我只能理解到这一步。

1996年1月17日

（出自《过眼小辑》）

王国维与康德

如果有人问我，欧洲人写的书，凡看过的，无论古人的今人的，最喜欢看哪个人的书。我会一口说："康德。"我在跟朋友们聊天的时候，常不免要说康德是怎样怎样说的，以致老伴儿讥我"言必称康德"。康德的书实在难，我的德语水平连买菜都勉强，只能靠英译本，有的书有中译本，但是我觉得还不如看英文的译本更容易些。不是因为中译文不好，而是因为英德文字逻辑总比中德文字逻辑接近得多。不过说老实话，好多我一直看不懂；只是越看不懂越想看，在似懂非懂之间每得书趣；康德的魅力好像正在这里。

我读康德，用的是张宗子读"四书"白文的办法，不看旁人的解释，就那样看下去；看不下去了，便放在一边，过些时候再看，忽然便得其一二。张宗子所谓"四书遇"，在路上不期而遇了。

但是如果要走进深宅大院，总得先找到“入口处”，否则，转来转去还是不得其门而入。于此，想到王国维自述年轻时读康德的甘苦：

> 次年（1903），始读汗德之《纯粹批评》，至《先天分析论》，几全不可解，更辍不读，而读叔本华之《意志及表象之世界》一书。叔氏之书，思精而笔锐。是岁，前后读二过，次及于其《充足理由之原则论》《自然中之意志论》及其文集等，尤以其《意志及表象之世界》中《汗德哲学之批评》一篇为通汗德哲学关键。至二十九岁，更返而读汗德之书，则非复前日之窒碍矣。嗣是于汗德之《纯粹理性》外，兼及其伦理学。至今年（1907），从事第四次之研究，则窒碍更少，而觉其窒碍之处，大概其说之不可恃者也。此则当日志学之初所不及料，而在今日亦得以自慰者也。

这段话讲得真好，见于王氏的《三十自序》。特别使我醒豁的是，王氏在读了几次之后对洋圣人的书打破了一些迷惘，因为“觉其窒碍之处，大抵其说之不可恃者也”。康德在迷宫里转的时候，难免走了许多冤枉路，读者跟着他老先生转，岂不是自讨苦吃吗。困而后知；康德在“困”的时候，便是那“窒碍之处”了。

王国维读康德的“入口处”在叔本华，结果却走进叔本华的宅院里去了，王国维始终没有真正悟解康德。我也找了个读康德的“旁门”，那就是宋明理学。陆九渊、朱熹的“鹅湖”之辩，给我提供了这个“旁门”：一个偏重“尊德性”，一个侧重“道问学”，在辩论中有不少形而上的东西，最后两个人和解了，都说这个侧重统起来本是一回事。倒是他们的徒子徒孙们还争个没完没了，以致“各成门户，几如冰炭”。

我在一篇短文（《中西文化，察异会通》，刊《文汇读书周报》1996年7月6日）里提到，牟宗三先生说“中西融通之桥梁乃在康德”；他还说过，可以用康德的哲学构架把中国哲学撑起来。现在我倒过来说，宋明理学是不是可以当作读康德的“出入口”。当然，一旦进入到里面，自然各有一番天地，是不能胶柱鼓瑟地妄作比附的。

翻拣旧书，发现王国维《汗德像赞》四言诗一首，那诗里面的康德，俨然是一个中国圣人。转抄如次：

人之最灵，厥惟天官。外以接物，内用反观。小知间间，敝帚是享。群言淆乱，孰正其枉。大疑潭潭，是粪是除。

中道而反，丧其故居。笃生哲人，凯尼之堡。息彼众喙，示我大道。观外于空，观内于时。诸果粲然，厥因之随。凡此数者，知物之式，存于能知，不存于物。匪言之艰，证之维艰。云霾解驳，秋山巉巉，赤日中天，烛彼穷阴。丹凤在霄，百鸟皆喑。谷可如陵，山可为薮。万岁千岁，公名不朽。

“凯尼之堡”，康德故乡格尼斯贝格也。看，这个康德像不像个峨冠博带的中国圣贤！

1996年10月于京中芳古园陋室

（出自《临窗碎墨》）

罗章龙与康德

1924年，罗章龙奉中共中央委派参加共产国际第五次大会。然后又到汉堡出席“运输国际”世界会议。在途经波兰时，曾专程去柯尼斯堡拜访康德故居，瞻仰了康德墓。他晚年自述，当时曾徘徊竟日，不忍离去，并有诗云：

墓道庄严铭语在，
萧条异代感同怀。
东西海岸先知出，
曾见金人入梦来。

康德墓道铭文为“我头顶的星空和我内心的道德法则”。“萧条异代”取杜诗“怅望千秋一洒泪，萧条异代不同时”。“东西海岸”源出陆九渊“东海有圣人出焉，西海有圣人出焉，此心同也，此理同也”。“金人入梦”，见《后汉书·西域传》：“世传明帝梦见金人，长大，顶有光明，以问群臣。或曰：‘西方有神，名曰佛，其形长丈六尺而黄金色。’”

近世牟宗三以康德为中西哲学的桥梁，罗章龙诗略有此意，而早于牟了。

前此，“五四”时期罗章龙在北京大学与师友成立“亢慕义斋”翻译社，遴选西方最有代表性的哲史书籍迻译成中文，向中国读者绍介。“亢慕义”者指“共产主义”外语音，所以译事以绍介马克思主义为主。当时李大钊、陈延年等都曾参与其事。罗氏与商章孙合译了德国哲学家卡尔·福尔伦德所著《康德传》。当时“亢慕义斋”旨在研究马克思主义，而《康德传》之译，定是因为康德的哲学思想对后来的社会主义思潮具有后发之力。

罗氏译《康德传》，或是比较全面介绍康德的早期之作。

1997年3月1日

（出自《过眼小辑》）

康德是西方的孔子？

最近，听一位久居美国的朋友说，他在美国读哲学时听某教授把康德称作西方的孔子，联系到有人称伏尔泰是西方的“孔门大弟子”，同样都是使我增长见识的趣闻。

康德究竟了解多少孔夫子，未详察过。只知道，康德有过一份“口授记录”，估计是他在大学讲课时记录下来的。据说他在讲授自然地理学时曾经讲到过中国。涉及中国的地理条件、民族习性、饮食衣着、语言刑律、家庭婚姻、物产、宗教等。那个时期欧洲人对中国的了解都来自各种各样的传教士的口耳之传，接触到某位传教士，这位传教士眼中的中国就成了资料来源。康德一生足迹不出乡里，他对中国的知识只能来源于此。凭这份“口授记录”，康德对中国的了解水平超不过一般传教士的水准。其中自不乏好奇的谈助性质的描述，如说：“中国人无论什么都吃，甚至狗、猫、蛇等。”讲到孔子，只有一句："中国人崇拜孔子，他是中国的苏格拉底。"

拿康德同孔子来比，根本没有可比性。从各自在各自哲学思想史上的地位比，很难说康德是西方的孔子；从各自哲学思想的内涵比，在深层空灵默契处有相通处，同是哲学的深层通感，但与说康德是西方的孔子，则断无可解。

至于说伏尔泰是孔门大弟子，论者的根据是伏尔泰读过《论语》等等，言之凿凿，信其有征。然而，那个时候的理解翻译水平是可想而知的；利玛窦和龙华民的理解就很不一样。伏尔泰确实是对中国有一种好感，原因一是他接触的传教士是康熙宫廷里的"亲华派"，再就伏尔泰在法国处于受压的地位，把康熙当作"开明天子"，把这一切糅在一起，伏尔泰便成了"亲华派"了。

传教士这个消息来源，对于欧洲的知识分子是颇有些"导向"作用的；不同的传教士的不同印象，就是不同的"导向"。莱布尼茨和伏尔泰接受的是同一种"导向"，都是康熙身边的李明、白晋一类；说中国"启蒙"了启蒙运动，就是从这路"导向"来的。同是启蒙时期的孟德斯鸠就不同，看看《论法的精神》里的中国，会使人想到鲁迅《阿Q正传》里的形象，看过《论法的精神》的，都知道，那是十分尖刻和入木三分的。就是康德的口授记录中在描述中国的民族习俗和性格时也有这类话："中国人报复心强，但他们总可以忍耐到适当的时机才发作。他们那里没有决斗的习惯。他们非常贪玩，可胆小怕事；他们勤勉、恭顺，奉承起人简直是天花乱坠。他们抱着传统习俗死死不放，对未来生活却漠不关心……"

可是，为什么时常会听到18世纪的欧洲如何之掀起"中国热"之类的话呢？我想，外国人这样说，一方面是出自对中国的好感或好奇；另一方面也表明他们根本不懂得孔夫子是怎么一回事。中国人喜欢这样说，甚至引用外国人的话以为助力，是因为可以满足一些自己的民族虚荣心。那潜台词是：看！连外国人都说我们的孔夫子为何何何的了！至于"墙内开花墙外香"则是久矣的习惯，当然也有"礼失求诸野"的感慨在内；所以只要是海外的一声赞誉，便通常会受到国人所享受不到的"青睐"云。

近来，常听到"儒学"与现代化的宏论，或曰现代化为"儒学"的复兴提供了"契机"，浅薄如我者，实在难窥堂奥。厉言孔子——莱布尼茨、孔子——伏尔泰、孔子——康德等十八九世纪的传奇，其思路是共通的，可是我还是难窥堂奥。

1998年4月14日

（出自《过眼小辑》）

附文：中传教士译名对照

利玛窦Ricci，Matteo

熊三拔Ursis，Sabathinus de

庞迪我Pantoja，Diago de

王丰肃Vagnoni，Alfonso sus

毕方济Sambiasi，Francesso

郭居静Cattaneo，Lagarus

金尼阁Trigault，Nicolaus

龙华民Longobardi，Nicolaus

邓玉函Terreng，Joannes

汤若望Adam Schall von Bell

南怀仁Ferninandus，Verbiest

利类思Buglio，Ludovieus

安文思Magalhaens，Gabriel

张诚Garbillon，Joan Franciscus

白晋Bouvet，Joachim

徐日升Pereya，Thomas

李明Le Conte，Aloysius

利国安Loureate，Joannes

国家新闻出版广电总局
首届向全国推荐中华优秀传统文化普及图书

大家小书书目

经典常谈	朱自清　著
语言与文化	罗常培　著
习坎庸言校正	罗　庸　著　杜志勇　校注
鸭池十讲（增订本）	罗　庸　著　杜志勇　编订
古代汉语常识	王　力　著
国学概论新编	谭正璧　编著
文言尺牍入门	谭正璧　著
日用交谊尺牍	谭正璧　著
敦煌学概论	姜亮夫　著
训诂简论	陆宗达　著
金石丛话	施蛰存　著
常识	周有光　著　叶　芳　编
文言津逮	张中行　著
中国字典史略	刘叶秋　著

古典目录学浅说	来新夏　著
闲谈写对联	白化文　著
怎样使用标点符号（增订本）	苏培成　著

诗境浅说	俞陛云　著
唐五代词境浅说	俞陛云　著
北宋词境浅说	俞陛云　著
南宋词境浅说	俞陛云　著
人间词话新注	王国维　著　滕咸惠　校注
苏辛词说	顾　随　著　陈　均　校
诗论	朱光潜　著
唐诗杂论	闻一多　著
诗词格律概要	王　力　著
唐宋词欣赏	夏承焘　著
槐屋古诗说	俞平伯　著
词学十讲	龙榆生　著
词曲概论	龙榆生　著
中国古典诗歌讲稿	浦江清　著 浦汉明　彭书麟　整理

唐人绝句启蒙	李霁野　著
唐宋词启蒙	李霁野　著
古典文学略述	王季思　著　王兆凯　编
古典戏曲略说	王季思　著　王兆凯　编
唐宋词概说	吴世昌　著
宋词赏析	沈祖棻　著
道教徒的诗人李白及其痛苦	李长之　著
闲坐说诗经	金性尧　著
陶渊明批评	萧望卿　著
舒芜说诗	舒　芜　著
名篇词例选说	叶嘉莹　著
唐诗纵横谈	周勋初　著
楚辞讲座	汤炳正　著 汤序波　汤文瑞　整理
好诗不厌百回读	袁行霈　著
山水有清音 ——古代山水田园诗鉴要	葛晓音　著

门外文谈	鲁　迅　著
我的杂学	周作人　著　张丽华　编
论雅俗共赏	朱自清　著
文学概论讲义	老　舍　著
中国文学史导论	罗　庸　著　杜志勇　辑校
给少男少女	李霁野　著
鲁迅批判	李长之　著
英美现代诗谈	王佐良　著　董伯韬　编
三国谈心录	金性尧　著
夜阑话韩柳	金性尧　著
英语学习	李赋宁　著
漫谈西方文学	李赋宁　著
历代笔记概述	刘叶秋　著
笔祸史谈丛	黄　裳　著
古典诗文述略	吴小如　著
有琴一张	资中筠　著
鲁迅作品细读	钱理群　著
唐宋八大家 ——古代散文的典范	葛晓音　选译

红楼梦考证	胡　适　著
《水浒传》与中国社会	萨孟武　著
《西游记》与中国古代政治	萨孟武　著
《红楼梦》与中国旧家庭	萨孟武　著
《金瓶梅》人物	孟　超　著　张光宇　绘
水泊梁山英雄谱	孟　超　著　张光宇　绘
《红楼梦》探源	吴世昌　著
《西游记》漫话	林　庚　著
细说红楼	周绍良　著
红楼小讲	周汝昌　著　周伦玲　整理
曹雪芹的故事	周汝昌　著　周伦玲　整理
古典小说漫稿	吴小如　著
三生石上旧精魂——中国古代小说与宗教	白化文　著
《金瓶梅》十二讲	宁宗一　著
古体小说论要	程毅中　著
近体小说论要	程毅中　著
文学的阅读	洪子诚　著
中国戏曲	么书仪　著

中国史学入门	顾颉刚　著　何启君　整理
秦汉的方士与儒生	顾颉刚　著
三国史话	吕思勉　著
史学要论	李大钊　著
中国近代史	蒋廷黻　著
民族与古代中国史	傅斯年　著
五谷史话	万国鼎　著　徐定懿　编
民族文话	郑振铎　著
史料与史学	翦伯赞　著
唐代社会概略	黄现璠　著
清史简述	郑天挺　著
两汉社会生活概述	谢国桢　著
中国文化与中国的兵	雷海宗　著
两宋史纲	张荫麟　著
明史简述	吴　晗　著
北宋政治改革家王安石	邓广铭　著
从紫禁城到故宫——营建、艺术、史事	单士元　著
史学遗产六讲	白寿彝　著

司马迁之人格与风格	李长之　著
司马迁	季镇淮　著
唐王朝的崛起与兴盛	汪　篯　著
二千年间	胡　绳　著
论三国人物	方诗铭　著
考古发现与中西文化交流	宿　白　著
中国古代国家的历史特征	张传玺　著
艺术、神话与祭祀	张光直　著
	刘　静　乌鲁木加甫　译
中国古代衣食住行	许嘉璐　著
中国古代史学十讲	瞿林东　著
黄宾虹论画	黄宾虹　著
中国绘画史	陈师曾　著
和青年朋友谈书法	沈尹默　著
中国画法研究	吕凤子　著
桥梁史话	茅以升　著
中国戏剧史讲座	周贻白　著
俞平伯说昆曲	俞平伯　著　陈　均　编

新建筑与流派	童　寯　著		
论园	童　寯　著		
拙匠随笔	梁思成　著	林　洙　编	
中国建筑艺术	梁思成　著	林　洙　编	
沈从文讲文物	沈从文　著	王　风　编	
中国画的艺术	徐悲鸿　著	马小起　编	
中国绘画史纲	傅抱石　著		
中国舞蹈史话	常任侠　著		
海上丝路与文化交流	常任侠　著		
世界美术名作二十讲	傅　雷　著		
中国画论体系及其批评	李长之　著		
金石书画漫谈	启　功　著	赵仁珪　编	
吞山怀谷 ——中国山水园林的艺术	汪菊渊　著		
中国古代音乐与舞蹈	阴法鲁　著	刘玉才　编	
梓翁说园	陈从周　著		
旧戏新谈	黄　裳　著		
民间年画十五讲	王树村　著	姜彦文　编	
民间美术与民俗	王树村　著	姜彦文　编	

长城史话　罗哲文　著
中国古园林概说　罗哲文　著
现代建筑奠基人　罗小未　著
世界桥梁趣谈　唐寰澄　著
如何欣赏一座桥　唐寰澄　著
桥梁的故事　唐寰澄　著
园林的意境　周维权　著
万方安和
——皇家园林的故事　周维权　著
现代建筑的故事　吴焕加　著
中国古代建筑概说　傅熹年　著

国学救亡讲演录　章太炎　著　蒙　木　编
简易哲学纲要　蔡元培　著
大学教育　蔡元培　著
北大元培学院　编
老子、孔子、墨子及其学派　梁启超　著
中国政治思想史　吕思勉　著
天道与人文　竺可桢　著　施爱东　编

春秋战国思想史话	嵇文甫　著
晚明思想史论	嵇文甫　著
新人生论	冯友兰　著
中国哲学与未来世界哲学	冯友兰　著
谈美书简	朱光潜　著
中国古代心理学思想	潘　菽　著
民俗与迷信	江绍原　著　陈泳超　整理
佛教基本知识	周叔迦　著
儒学述要	罗　庸　著　杜志勇　整理
希腊漫话	罗念生　著
佛教常识答问	赵朴初　著
大一统与儒家思想	杨向奎　著
孔子的故事	李长之　著
西洋哲学史	李长之　著
乡土中国	费孝通　著
社会调查自白	费孝通　著
经学常谈	屈守元　著
墨子与墨家	任继愈　著
汉化佛教与佛寺	白化文　著
中西之交	陈乐民　著

出版说明

“大家小书”多是一代大家的经典著作，在还属于手抄的著述年代里，每个字都是经过作者精琢细磨之后所拣选的。为尊重作者写作习惯和遣词风格、尊重语言文字自身发展流变的规律，为读者提供一个可靠的版本，“大家小书”对于已经经典化的作品不进行现代汉语的规范化处理。

提请读者特别注意。

北京出版社